HISTORIAS BREVES PARA LEER

Nivel intermedio

Joaquín Masoliver

SGEL

SOCIEDAD GENERAL ESPAÑOLA DE LIBRERÍA, S. A.

Primera edición, 1999
Séptima edición, 2008

Producción: SGEL-Educación

© Joaquín Masoliver Ródenas, 1999
© Sociedad General Española de Librería, S A., 1999
   Avda. Valdelaparra, 29 - 28108 Alcobendas (Madrid)

ISBN: 978-84-7143-732-5
Depósito Legal: M. 26.771-2008
Impreso en España - Printed in Spain

Ilustraciones: AZUL Comunicación
Portada: María Ángeles Maldonado

Composición e impresión: NUEVA IMPRENTA, S. A.

Contenido

¿Para ir al Thyssen, por favor? 7

El fiero león 11

El accidente 15

El chico aficionado a la pesca 21

Puerta segura 27

La estudiante 31

El perro amaestrado 36

¡Petróleo! 40

La excursión de los abuelos 44

El pintor 49

La niña y el viejo 54

El traje para la fiesta 59

El donativo 64

El desaparecido 70

El billete de lotería 76

Tomasito 82

La aventura de viajar 87

La máquina de fabricar botones 91

Recuerdos del Paraguay 96

En el tren Madrid-Sevilla 101

CLAVE DE LOS EJERCICIOS 107

GLOSARIO 111

Este libro de **historias breves para leer** contiene veinte narraciones cortas, independientes entre sí, y que se desarrollan en ambientes muy variados. Todos los textos han sido escritos especialmente para estudiantes de español como lengua extranjera, con conocimientos equivalentes a un nivel medio. Se supone, por tanto, que el lector está familiarizado con el presente de subjuntivo. Hay también algunos ejemplos con el imperfecto de subjuntivo.

Cada relato presenta contenidos específicos de léxico, gramaticales y funcionales.

Al final de cada texto se propone una serie de tareas. Algunas tienen una sola respuesta posible y su solución se encuentra al final del libro, en las páginas 107-111. Otras, de carácter más creativo, deben realizarse en grupo, bajo la dirección del profesor.

En las páginas 111-119 hay un glosario que, por orden alfabético, recoge gran parte de las palabras que aparecen en los textos, con su traducción al inglés. Los números entre paréntesis indican la página en la que la palabra aparece por primera vez.

Recomendamos al estudiante que trate de comprender lo esencial de las historias, sin recurrir al glosario. Es mejor que lea primero todo el texto y que trate luego de adivinar las palabras o expresiones que no entienda, con ayuda del contexto. Después, en una segunda lectura, puede consultar el glosario o, si lo prefiere, un diccionario.

JOAQUÍN MASOLIVER

¿Para ir al Thyssen, por favor?

Un muchacho rubio, con aspecto de nórdico, deja la mochila en el suelo. Saca un plano de la ciudad y lo mira. Debe de ser la primera vez que está en Madrid. En noviembre el sol calienta todavía. La calle está llena de gente, de coches, de ruido. Se acerca a una señora con el plano en la mano. Discreto, un poco tímido, le pregunta:

—*Por favor, señora. ¿Para ir al museo Thyssen? ¿Es por aquí?*

Parece que ha tenido suerte. Es una señora que conoce la capital, tiene tiempo y es amable.

—*Sí, sí, va muy bien. Siga todo recto. La segunda a la izquierda. Al fondo verá una plaza. Tuerza a la derecha y, una, dos…, la tercera.*

Un señor jovial, de baja estatura, más bien gordo, que fuma un voluminoso habano, se acerca. El joven observa que lleva un traje clásico. Seguro que lo ha hecho un sastre, a la medida.

—*Mire usted* —dice el señor, mirando a los dos—. *Perdonen que me meta, pero por ahí no llegará al museo... ¿Verdad que quiere ir al Thyssen? Pues, mire, hágame caso. Siga recto hasta la tercera calle, tuerza a la izquierda. Verá unos almacenes. Tome la primera a la derecha...*

—*Pero, por Dios. ¿Qué dice usted?* —Le interrumpe la señora sin perder la calma, pero un poco asombrada—. *Este muchacho quiere ir al museo Thyssen, hombre. Tiene que ir como yo le he dicho. No hay otro camino.*

—*Si lo sabré yo*[1], *que hago este camino todos los días. Mire, trabajo justo enfrente.*

—*¿Y qué se cree usted?* —La señora eleva la voz, pero se mantiene tranquila—. *Que soy madrileña de toda la vida.*

—*Ah, ¿sí?* —contesta el señor—, *pues no hay mucha gente que pueda decir lo mismo, ¿eh? En eso tengo que reconocer que me gana usted. Yo llevo muchos años aquí, pero soy gallego. De Lugo, de Ribadeo.*

—*Pues no tiene usted ningún acento. Pero ya me parecía a mí.* —La señora muestra interés y curiosidad—. *Verá usted, es que mi madre también es de Ribadeo y, tengo que decirlo: los gallegos tienen un aire especial. Son como un poco más distinguidos que la gente de otros pueblos. ¿No le parece? No es porque usted sea de allá. Es la verdad.*

—*Hombre, no está bien que lo diga yo.* —El señor se siente halagado. Sonríe satisfecho. El muchacho les mira sin entender nada. Está un poco apartado, con el plano en las manos, la boca un poco abierta. Ahora parece aún más tímido. La mujer continúa.

—*Mi madre me ha hablado mucho de su pueblo. Sobre todo del pescado. Dice que en Madrid no sabemos lo que es el pescado.*

—*Tiene razón su madre. Mire, al otro lado de la calle hay una taberna gallega con unos mejillones que saben a cielo. Permítame que le invite a una ración. Le juro que son una delicia*[2].

—*Pues, ¿por qué no? Sí, ande*[3], *vamos a probar los mejillones.*

---

[1] Yo lo sé mejor que nadie. Lo sé muy bien.
[2] Son buenísimos; son deliciosos.
[3] Venga, vamos.

Y el joven sigue allí, con el plano en la mano, con la boca abierta y la mochila en el suelo, mirando cómo la pareja cruza y entra en la «Taberna Gallega», al otro lado de la calle.

A. Complete las frases.

> **a.** *¿Qué dice usted?*   **b.** *Si lo sabré yo.*   **c.** *No es porque usted sea...*
> **d.** *Tengo que reconocer...*   **e.** *Permítame que le invite.*   **f.** *¿No le parece?*

— *¿Dice que estos mejillones son malos?* ....(1)........... *¡Si son deliciosos!*
— *Creo que en Madrid hay demasiados coches, pero* ....(2)...........
.... *que hay todavía muchas calles tranquilas.*
— *El museo del Prado es mucho mejor que el Thyssen,* ....(3)...........
....
— ....(4)........... *madrileño, pero me parece que Madrid es una ciudad muy interesante.*
— ....(5)........... *a un café.*
— *Este traje está cosido a la medida.* ....(6)..........., *que soy sastre.*

B. Contrarios.

¿Qué palabra expresa lo contrario en cada una de estas frases?

1. *La calle no está vacía, está* ....
2. *El chico se aleja, la señora se* ....
3. *No tuerza a la derecha, tuerza a la* ....
4. *No es alto. Es de* .... *estatura.*
5. *¿Es delgado, dices? No, es* ....
6. *No desciende o baja la voz, la* ....
7. *Me parece que no está nerviosa. Está muy* ....
8. *No es una mujer vulgar. Es muy* ....
9. *La puerta no está cerrada. Ahora está* ....

C. ¿Para ir a...?

Un amigo o amiga de usted quiere ir a determinado lugar de la ciudad donde usted está ahora, o de una ciudad que usted conoce. Quiere ir, por ejemplo, al museo X, a los almacenes X, a una tienda de discos, etc. Él (o ella) no sabe cómo ir. Explíquele usted cómo tiene que ir desde donde está usted ahora mismo.

Pueden trabajar en parejas. Uno pregunta por el lugar y el otro explica cómo ir.

—*¿Quieres ir a...? Pues mira: sales a la calle y...*

Continúe usted.

D. Diga algo sobre las personas.

¿Qué sabe o qué se imagina sobre las tres personas que aparecen en el texto?

El muchacho ....
El señor ....
La señora ....

E. Cuente la historia.

El muchacho rubio sigue en la calle. Se acerca un amigo español y le pregunta qué hace allí. Él le explica lo que ha pasado:

—*Me ha pasado una cosa muy curiosa. Mira, yo le he preguntado a una señora...*

Continúe usted.

F. Las comunidades autónomas.

Trabajen en grupos de 3-4 personas.

En el texto se habla de Galicia y del pescado. En España hay diecisiete comunidades autónomas (que son más o menos lo que en otros países de lengua española llaman departamentos, estados, regiones o provincias). ¿Qué cree usted que es característico de algunas de estas comunidades? (Clima, economía, costumbres, etc.). Cada uno de los grupos dibuja un mapa de España con algunas de las comunidades y escribe varias características.

Después se reúne toda la clase. Una persona dibuja el mapa de España en la pizarra con algunas o con todas las comunidades y escribe las características que dicen los diferentes grupos. Los estudiantes comentan lo que se escribe.

¿Están todos de acuerdo con lo que se ha escrito en la pizarra?

El fiero león

El pueblo es muy pequeño: cuatro o cinco calles, medio centenar de casas, una iglesia antigua y un puente que cruza un pequeño río que baja de la montaña. Todas las puertas de las casas están cerradas, a pesar de que es verano y hace mucho calor.

La calle está vacía. Una puerta se abre despacio. Una mujer mira a su alrededor, cruza corriendo la calle y entra en la casa de enfrente.

La puertas y las ventanas han estado cerradas durante dos días, desde que se escapó el león de los gitanos. Como todos los años, habían llegado los gitanos con su circo, para las fiestas de la Asunción de María, que empiezan el día 15 de agosto. Habían montado la carpa a la salida del pueblo, mientras todo el mundo los miraba. Lo que más admiraba a todos eran las fieras, un par de corpulentos leones y un tigre, que se movían intranquilos en una jaula de hierro. Un día se escapó de la jaula el más fiero de los leones y, desde entonces, casi nadie salía a la calle.

El alcalde, desde su casa, organiza la búsqueda del león. Los vecinos cuentan lo que han visto y oído y el miedo es cada vez mayor. Un hombre dice que le faltan dos gallinas; otro, que ha desaparecido un cordero... Han visto sangre en las calles y por la noche les han despertado terribles rugidos.

El acalde es un hombre pequeño y delgado, muy enérgico. Todos los que están sentados alrededor de la mesa escuchan con atención. Las instrucciones son: Nadie debe salir solo sin armas. La Guardia Civil va a venir y los guardias van a registrar el bosque.

Cuando empieza a anochecer llega la furgoneta de la Guardia Civil. Aparca delante de la casa del alcalde. Bajan media docena de agentes. Reparten linternas entre los vecinos que llevan armas y que quieren ir a registrar el bosque.

Salen todos hacia el monte, en silencio, para oír mejor. Caminan durante poco más de quince minutos y oyen un ruido que sale de una cueva. Con las linternas iluminan la entrada. Se oye muy claramente el rugido de una fiera. Todos se acercan con las armas preparadas. La luz que arrojan todas las linternas juntas ilumina intensamente la boca de la cueva y penetra hacia el interior.

—¡¿Quééé?! Gritan todos, asombrados. Un enorme león está plácidamente echado sobre el suelo. Está comiendo tranquilamente un pedazo de carne que un niño le pone en la boca. Otro niño le tira del rabo, otros dos saltan sobre su lomo y otro juega con la melena del «fiero» animal. Una niña le pone un zapato de tacón alto en una de las garras delanteras. Cuando ve la luz de las linternas, el león se levanta muy despacio, mira los rostros asombrados de los hombres, ruge con voz suave y mansa para saludarles y mueve la cola como un perro alegre.

Durante dos días, mientras los vecinos no habían podido dormir de miedo, los niños del pueblo, por la noche, habían ido a la cueva a jugar con el león y a llevarle comida.

No fue difícil llevar al león a su jaula. Al día siguiente los gitanos abrieron el circo y la fiesta se celebró con más gente y con más alegría que otros años.

Ha pasado el tiempo y ya nadie se acuerda del nombre del pueblo. Todo el mundo lo llama «El pueblo del león».

A. ¿Qué adjetivo?

Complete las frases con uno de los siguientes adjetivos:

> Intranquilo/a, antiguo/a, suave, vacío/a, alegre, terrible, delgado/a

1. No hay agua en la botella. Está ...., porque los niños tenían mucha sed.
2. Es una iglesia muy .... Tiene más de mil años.
3. Juan tiene mucho miedo. Ha oído una historia ....
4. Mi hermano está muy .... porque come poco.
5. Teresa no puede dormir porque mañana tiene un examen. Está muy ....
6. Me gustan estos zapatos. El material no es duro, es muy ....
7. Ana es una persona muy .... Nunca está triste.

B. Preposiciones.

Complete las frases con la preposición adecuada. En dos casos, además, tiene que poner el artículo.

1. La mujer mira .... su alrededor y entra .... la casa.
2. Montan la carpa .... la salida .... pueblo.
3. Lo que admiraba .... todos eran las fieras.
4. Los vecinos escuchaban .... atención .... alcalde.
5. Tienen que llevar armas. Nadie puede salir .... armas.
6. Un niño tira .... rabo del león.
7. Otro niño salta .... su lomo.

C. Verbos irregulares.

Complete las frases con la forma adecuada, en presente de indicativo, de alguno de estos verbos irregulares:

> oír, poner, empezar, querer, jugar, contar

1. La fiesta .... mañana.
2. Los vecinos .... que han oído cosas terribles.

3. *Una niña le* .... *un zapato al león. Yo le* ....
.... *un sombrero.*
4. *María y yo* .... *comer en casa. Ella* ....
comer cordero y yo .... *salchichas.*
5. *—¿No* .... *un ruido, Juan?*
—Sí, ... *un rugido. Es el león del parque.*
6. *—Niños, ¿por qué* .... *siempre con armas?*
—No, mamá, nosotros no .... *con armas. Yo* ....
.... *con el perro y los demás* .... *al fútbol.*

D. ¿Cómo se llama?

¿A qué partes del dibujo corresponden estas palabras?

a. boca **b.** rabo/cola **c.** lomo **d.** melena **e.** garra **f.** pata

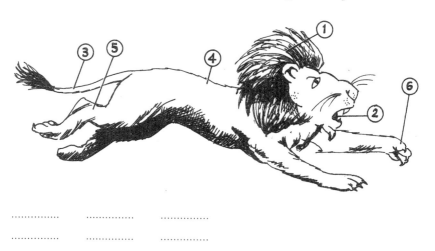

....

....

E. Cuente la historia.

Cuente usted la historia. Estas palabras le pueden ayudar a recordarla:

El pueblo. El circo de los gitanos. Escaparse de una jaula. Los vecinos cuentan cosas. El alcalde organiza la vida en el pueblo. Llegada de la Guardia Civil. Salida al bosque. Escenas en la cueva con el león y los niños. La fiesta en el pueblo.

— *Bueno, ¿qué pasa?* —pregunta Amancio Prades, el detective, al hombre que acaba de entrar en su despacho.

— *Pues, verá. Me llamo Emilio Melón. Ayer por la noche, cuando salía del restaurante Quijano, pasé por la calle Montevideo, una calle oscura que hay detrás de la Academia de Bellas Artes, y atropellé a un ciclista. Salí del coche y unos jóvenes que pasaban por allí, y que eran estudiantes de Medicina, recogieron al ciclista y se lo llevaron en un coche al hospital...*

— *¿En un coche?* —interrumpe Amancio—. *¿Era una furgoneta?*

— *No, no* —contesta Emilio Melón—, *era un pequeño Volkswagen de color verde oscuro. El ciclista iba todo lleno de sangre y una mano estaba separada del cuerpo. Fue terrible.*

— *Pero, usted, ¿no denunció el caso a la policía?* —pregunta Amancio.

— *No, mire, es que...*

—*Ya entiendo, venía usted del restaurante... Había bebido algo más de la cuenta...* [1] —dice el detective.

—*Eso es. Bueno, pues esta mañana, a eso de las nueve, ha venido uno de los estudiantes a mi casa. Yo le he dado algo de dinero para los gastos que tenga el ciclista y, bueno..., a mí me hubiera gustado ir al hospital y hablar con él...*

—*¿Y por qué no lo hace?* —pregunta Amancio.

—*Es que no me quiere ver. Y yo lo comprendo. El estudiante no me ha querido decir en qué hospital está.*

—*Comprendo* —le interrumpe el detective—. *Dice usted que eran estudiantes de Medicina... Mmm... ¿Por qué no llamaron a una ambulancia? Y usted quiere que yo...*

—*Pues, sí, que me ayude a buscar el hospital.*

—*¿El hospital...?* —El detective le mira distraído—. *Mire usted, vaya a descansar. Vuelva a verme esta tarde. Vamos a ver... ¿Le va bien a las ocho? Venga a las ocho.*

Amancio Prades despide bruscamente al señor y sale de la oficina. Por la tarde, a las ocho en punto, llega Emilio Melón.

—*Siéntese, por favor* —le dice Amancio—. *Tengo buenas noticias para usted.*

—*¿Sí? ¿Ya sabe usted en qué hospital está el ciclista?*

—*Mire usted, no ha ingresado ningún ciclista en ningún hospital, ni ayer por la noche ni esta mañana.*

—*¿Se ha muerto? ¡Dios mío! ¡Qué problema!*

—*También yo he pensado eso, pero la policía no ha encontrado ningún cadáver. No. Es otra cosa. He estado en la calle que usted me dijo, la calle Montevideo, y no había ni una gota* [2] *de sangre.*

—*La habrán limpiado* —insinúa Emilio Melón.

—*Oiga, no bromee. En este país no se limpian las calles tan rápido. He encontrado manchas rojas, pero no eran de sangre, sino de pintura. Además he encontrado un dedo de poliéster. Es un plástico que usan los escultores. He ido a la Escuela de Bellas Artes y he preguntado a un profesor si conocía a alguien con un Volkswagen de color verde oscuro. ¡Claro que lo conocía! Es un estudiante de la clase*

---

[1] Había bebido demasiado alcohol.
[2] Nada, ni un poco.
[3] Tan fácilmente, con tanta facilidad.

de escultura. Por suerte estaba allí, en la cafetería, con sus amigos, los otros «estudiantes de Medicina». Lo han cantado todo. Es un truco que han hecho ya varias veces: colocan una escultura de plástico en una bici. Uno de ellos se pone junto a la puerta del restaurante Quijano y, cuando ve a algún cliente que cena solo y bebe más de la cuenta, le sigue hasta el coche. Como tiene que salir del aparcamiento justo por aquella calle oscura, el joven hace una señal a sus compañeros, que llevan una bata de médico y están en la misma calle un poco más abajo. Éstos, cuando pasa el coche, le echan la bicicleta con «el ciclista» y, bueno, ya conoce usted el resto.

—¡Canallas! —exclama Emilio Melón.

—Lo sospeché cuando me dijo usted que eran estudiantes de Medicina y que se lo habían llevado en un coche sin esperar a una ambulancia y, además, que la mano se había separado del cuerpo. Hombre, una mano de verdad no se separa así como así[3].

—Desde luego —dice el señor.

—Generalmente la gente paga y calla —continúa el detective—. Son muy listos porque no piden mucho dinero. Pero, bueno, con usted han tenido mala suerte. Usted ha sido honrado y ha querido conocer al «ciclista» para indemnizarle.

A. Preposiciones.

Complete las frases con la preposición adecuada:

1. Emilio Melón acaba .... entrar .... el restaurante.
2. Ayer .... la noche fue a cenar a un restaurante.
3. Para ir a su casa pasó .... la calle de Montevideo.
4. Allí atropelló .... un ciclista.
5. El ciclista iba lleno .... sangre.
6. No denunció el caso .... la policía.
7. Había bebido algo más .... la cuenta.
8. Ocurrió .... eso de las nueve.
9. Le dio al estudiante algo .... dinero.
10. El estudiante no le ha dicho .... qué hospital está.
11. Venga a verme .... las ocho de la tarde.
12. El señor llega a las ocho .... punto.
13. No había ni una gota .... sangre.

B. Forme frases.

Forme frases uniendo los fragmentos de ambas columnas:

1. Emilio había bebido
2. El señor acababa de entrar
3. Le dio algo
4. El ciclista iba lleno
5. No denunció
6. No le ha dicho
7. Venga
8. El estudiante hizo
9. Amancio se despidió

a. de sangre.
b. a las ocho.
c. bruscamente del detective.
d. en su despacho.
e. de dinero.
f. más de la cuenta.
g. el caso a la policía.
h. en qué hospital está.
i. una señal a sus compañeros.

C. ¿Ser o estar?

Complete las frases con formas adecuadas de los verbos *ser* o *estar*, en presente de indicativo.

Amancio ....(1)............ un señor delgado. ....(2)............ detective. ....(3)............ sentado detrás de una gran mesa. Hoy ....(4)............ cansado.

El coche ....(5)............ de color verde. El estudiante ....(6)............ muy simpático. El señor le ha dado dinero para los gastos que ....(7)............ teniendo por culpa de accidente. El señor no sabe dónde ....(8)............ hospitalizado el joven. Cree que el joven ....(9)............ muy enfermo.

El ciclista no ....(10)............ muerto. El detective ha ....(11)............ en la calle y allí no hay sangre. Pero la calle no ....(12)............ limpia. ....(13)............ sucia. Hay manchas, pero ....(14)............ manchas de pintura. Hay un dedo y ....(15)............ de plástico. Los chicos ....(16)............ estudiantes de Medicina. Los chicos ....(17)............ muy listos.

18

D. Contrarios.

Coloque en la columna de la derecha los contrarios (antónimos) de las palabras que aparecen a la izquierda.

1. *frío*
2. *alto*
3. *gordo*
4. *ancha*
5. *clara*
6. *antipático*
7. *suavemente*
8. *respuesta*
9. *tonto*
10. *olvidar*

a. ....
b. ....
c. ....
d. ....
e. ....
f. ....
g. ....
h. ....
i. ....
j. ....

E. ¿Pretérito o imperfecto?

Complete el texto con la forma adecuada, en pretérito o en imperfecto, del verbo que está en infinitivo entre paréntesis:

Emilio Melón ayer a las 11 (salir) *del restaurante.* (Pasar) *por la calle Montevideo. La calle* (estar) *oscura.* (Haber) *algunos coches aparcados. En la mitad de la calle Emilio* (atropellar) *a un ciclista. Emilio* (salir) *del coche. Unos jóvenes, que* (ser) *estudiantes de Medicina* (recoger) *al ciclista y se lo* (llevar) *al hospital. Emilio no* (ir) *a la policía porque* (llevar) *unas copas de más.*

F. Conteste a estas preguntas:

1. *¿Qué sabe usted de Amancio Prades y de su despacho?*
2. *¿Qué le cuenta el señor Melón al detective la primera vez que va a su despacho?*
3. *¿Cómo ocurrió el accidente, según el señor Melón?*
4. *¿Cómo reaccionó el señor Melón?*
5. *¿Qué dice sobre el ciclista?*
6. *¿Qué le hizo sospechar al detective que no había habido ningún accidente de verdad?*
7. *¿Qué ocurrió de verdad?*
8. *¿Por qué han tenido mala suerte con el señor Melón los estudiantes?*

G. Crucigrama.

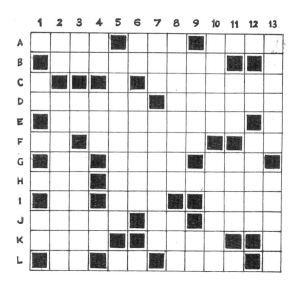

HORIZONTALES:

A. Le falta poco.—Al revés, yeso.—Hermanos de mi padre. **B.** Amable, no antipático.—Vocal. **C.** Vocal.—Vocal.—Al revés, caseta, cabaña. **D.** Al revés, camisas que usan las mujeres.—Transportar de un sitio a otro. **E.** Interés por conocer algo.—Vocal. **F.** Ahora mismo.—El que tiene celos.—Marchar. **G.** Preposición.—Al revés, número entre el dos y el cuatro.—Asistente Técnico Sanitario. **H.** Contracción (preposición + artículo).—Figura geométrica con tres lados. **I.** Mugido (voz de la vaca).—Tres vocales distintas.—Frutos de la viña. **J.** Al revés, aparato para oír música y noticias.—Negación.—Al revés, lava, limpia. **K.** Estado, nación.—Fieras del bosque.—Consonante. **L.** Abreviatura de *señor*.—Pronombre personal (ni yo, ni él).—El día anterior a hoy.—Vocal.

VERTICALES:

1. Consonante.—Existe, está.—Conjunción.—Consonante.—Obras Públicas. **2.** En la baraja, número uno.—Centros de enseñanza (por ejemplo, de idiomas). **3.** Afirmación.—Adjetivo posesivo (de él).—Evitar. **4.** Al revés, nota musical.—Unión de Repúblicas Centralistas.—El número uno de la baraja. **5.** Tipo de plástico (lo usan los escultores).—Consonante. **6.** Artículo femenino.—Música cubana que se baila.—Vocal. **7.** Une con cuerdas.—Nacido en una provincia de Castilla-León. **8.** Persona que va en bicicleta.—Fiera del bosque (hembra). **9.** Líquido obtenido al cocer verduras o carne.—Abrevistura de *norte*.—Al revés, el primer pronombre. **10.** Actúa en una plaza de toros.—Mojase algo con agua. **11.** La tercera vocal.—Tres consonantes distintas.—Poseí, hube.—Consonante. **12.** Abreviatuta de *oeste*.—Alianza Atlántica.—Baleares y Canarias. **13.** Ser más de lo necesario.—Atrevido.

El chico aficionado a la pesca

—*¿Cuánto dice que vale la bicicleta, don Gerardo?*
—preguntó Manolito.
—*Son 50.000, muchacho*
—le contestó el hombre, con un tono de voz amable pero decidido, indicando que allí no se regateaba.

El chico, que había preguntado el precio de aquella bicicleta media docena de veces, bajó la cabeza con resignación. Nunca llegaría a poder juntar tanto dinero. Cogió su caña de pescar y se fue hacia el río.

—*Adiós, don Gerardo, hasta luego* —le dijo.
—*Hasta luego, muchacho. Que tengas suerte con la pesca.*
Cuando iba a pescar, Manolito pasaba dos veces al día por delante

de la tienda, que quedaba casi a la salida del pueblo. Cuando regresaba del río le mostraba la pesca.

—*Mire, don Gerardo, hoy he pescado dos truchas.*

—*A ver... ¡Qué grandes! ¡Eso sí que son truchas!*

—*Y eso que no es la temporada*[1].

Un día el niño llegó del río muy excitado.

—*¿Qué te pasa, muchacho?*

—*Pues estaba pescando debajo del puente romano y veo a un sapo que sale de detrás de una pequeña roca que hay en el otro lado del río.*

—*Sí, sí. Bueno, un sapo..., ¿y qué?*

—*Era bastante grande. Se pone de pie, levanta un pequeño violín y empieza a tocarlo. ¡Lo tocaba como una persona! ¡Como uno de esos músicos que tocan en la orquesta de las fiestas! Ha tocado un rato y después ha desaparecido.*

—*¿Qué dices, chico? ¡Has estado soñando! ¿No habrás tomado pastillas o alguna cosa rara?*

—*Le juro que no, don Gerardo. Le juro que lo he visto de verdad.*

No era la primera vez que Manolito contaba cosas increíbles. En el barrio tenía fama de ser un niño con mucha fantasía.

Los siguientes días, al regresar del río, Manolito le volvía a contar a don Gerardo lo mismo: había aparecido el sapo y había tocado el violín.

Un día Gerardo no pudo contenerse más y le dijo:

—*Mira, hoy voy a ir contigo al río. Si lo del sapo es verdad, te regalo la bicicleta, pero si es mentira...*

—*Trato hecho*[2] —dijo Manolito.

Y se dieron la mano con fuerza, como dos hombres.

Cuando llegaron al río, Manolito indicó el sitio donde él solía estar pescando, se acercó el índice a los labios para pedir silencio al hombre y se quedó quieto, esperando la aparición del sapo.

Pasaron unos largos minutos. De pronto, Gerardo pudo ver, al otro lado del río, un bulto que apareció detrás de una pequeña roca. ¡Era un sapo! El sapo se levantó sobre sus patas posteriores, llevaba algo

---

[1] No es el tiempo de las truchas.
[2] De acuerdo. OK.
[3] Fue varios días más.
[4] Igual; en cualquier caso.

en las manos que muy bien podría ser un violín y se escuchó entonces una melodía increíblemente bella. El hombre estaba muy emocionado.

—*¡Qué música!* —gritó—. *¿Es el sapo el que la toca, de verdad?*

En ese mismo instante el sapo desapareció y la música dejó de oírse.

—*Le ha asustado usted* —se quejó el muchacho.

Don Gerardo volvió a acompañar al muchacho al río al día siguiente para asegurarse de que era el sapo el que tocaba. Pero no oyó nada. Continuó yendo varios días[3], pero nunca más vieron al sapo ni oyeron el violín.

—*Usted le ha asustado* —decía Manolito con tristeza.

—*No importa. de todas formas[4], tendrás tu bicicleta.*

El hombre cumplió su palabra. En cualquier caso, había vivido algo extraordinario. En el pueblo se siguió hablando durante años de esta historia y cada uno la contaba a su manera. Nosotros hemos escrito aquí lo que nos ha contado el hijo de la panadera Rivas, que vive en la misma calle que don Gerardo.

A. Complete los diálogos.

Complete los diálogos con alguna de estas expresiones:

a. *Eso sí que…* **b.** *Y eso que…* **c.** *Le juro que…* **d.** *Trato hecho.*	
e. *No importa. De todas formas…* **f.** *Que tengas suerte.*	

1. —*¿Tú has pescado esta trucha? No es posible.*
   —.. *la he pescado yo mismo.*

2. —*Yo voy a pescar mañana.*
   —.. *con el tiempo.*

3. —*Es una bicicleta fantástica.*
   —¡.. *es una bicicleta!*

4. —*¿Vais a ir a pescar? ¡Hace frío!*
   —.. *vamos a pescar.*

5. —¡Qué bien toca el violín!
   —.. no es un violín muy bueno.

6. —Te vendo la bicicleta por diez mil pesetas.
   —Muy bien. ....

B. Pregunte.

Complete estas preguntas con las palabras que faltan:

1. —¿............................ vale la bicicleta?
   —Vale 50.000 pesetas.

2. —¿............................ truchas has pescado?
   —He pescado dos.

3. —¿............................ fue a pescar el niño?
   —Fue a las tres y media.

4. —¿............................ has visto?
   —He visto un sapo.

5. —¿............................ era el sapo?
   —Era muy grande.

6. —¿............................ estaba el sapo?
   —Estaba detrás de una roca.

7. —¿............................ ha contado la historia?
   —El hijo de la panadera.

8. —¿............................ tiempo hacía?
   —Hacía un poco de frío.

9. —¿............................ dinero tienes?
   —Tengo 20.000 pesetas.

10. —¿............................ sapos has visto?
    —He visto tres.

C. Imperativo.

Conteste, como en el primer diálogo de aquí abajo, poniendo en imperativo el verbo que está en infinitivo.

Use la forma correspondiente a *usted*.

1. —¿Qué día tengo que venir?
   —Venga el lunes.

2. —¿Cuánto tengo que pagar?
   —.............................. cinco mil.

3. —¿Dónde puedo pescar?
   —.............................. en el río.

4. —¿A qué hora debo regresar?
   —.............................. a las cinco.

5. —¿Cuántas truchas puedo comer?
   —.............................. sólo una.

6. —¿Qué día tengo que volver?
   —.............................. el lunes.

7. —¿Cuántas monedas tengo
      que poner?
   —.............................. tres.

8. —¿Qué tengo que decir?
   —¡No .... nada!

9. —¿Adónde tengo que ir?
   —.............................. a la
      estación.

D. Pretérito imperfecto.

Tomás escribió una carta a su prima Rosa, pero se olvidó de echarla al buzón. Más tarde encontró la carta. La escribió de nuevo, pero cambió los verbos. Los verbos que están en cursiva los escribió de nuevo en pretérito imperfecto. Todos menos dos: El primer verbo, *pesco*, lo cambió por *iba a pescar el verano pasado*, y un verbo que está en pretérito perfecto lo escribió en pretérito pluscuamperfecto.

¿Qué formas escribió?

Querida Rosa:

Aquí, en esta foto, puedes ver cómo es el río donde *pesco*. Casi siempre *tengo* suerte y todos los días *suelo* pescar algo. Para ir al río, *paso* dos veces por delante de una tienda de bicicletas. Cuando *regreso* del río, le *cuento* al señor de la tienda lo que *ha pasado* y le *muestro* la pesca. El señor me *habla* de su tienda. En el río, mientras *pesco*, *veo* siempre cosas increíbles, pero cuando luego las *cuento* en el pueblo, nadie *cree* lo que le *digo*. Ya te contaré un día.

Recuerdos a la familia. Un fuerte abrazo de tu primo

Tomás

E. Cuente la historia.

Cuente usted la historia. Estas palabras le ayudarán a recordarla:

tienda de bicicletas - mostrar la pesca - truchas - puente romano - sapo -
tocar el violín - desaparecer - niño con fantasía - hacer un trato y darse la
mano - silencio - aparición y desaparición del sapo - asegurarse de que
toca el sapo - asustar a alguien- cumplir la palabra

Puerta segura

El verano pasado mi hermana y yo estuvimos unos días en Palma de Mallorca. La agencia de viajes, en Sevilla, nos había reservado una habitación en un hotel muy pequeño, que no está lejos del centro. Tenía aspecto antiguo, pero el interior era muy moderno. Nos recibió con mucha cordialidad el mismo dueño. Había habido muchos robos, nos dijo, y había decidido cambiar todas las puertas y cerraduras de su hotel. Nos acompañó él mismo a nuestra habitación, para explicarnos el funcionamiento de la cerradura.

Cuando llegamos ante la puerta de nuestra habitación quedamos impresionados. Era una puerta muy sólida. La cerradura era imponente. Había varios botones y dos luces, una de color rojo, que se encendía cuando la puerta estaba cerrada y otra de color verde, que se encendía cuando la puerta estaba abierta.

El dueño nos entregó una tarjeta magnética que teníamos que programar nosotros mismos con un código secreto. Luego, para entrar, sólo teníamos que introducir la tarjeta en la ranura y marcar nuestro código pulsando los botones. Antes de despedirse, nos entregó un libro con las instrucciones escritas en varios idiomas. Nos pasamos casi una hora encerrados en la habitación estudiando el manual y, al final, pudimos programar nuestro código.

La primera vez que tuvimos que entrar, ese mismo día por la noche, después de la cena, estuvimos un buen rato delante de la puerta marcando una serie de códigos y apretando varios botones, pero la luz verde no se quería encender. Mi hermana me daba instrucciones todo el rato y comentaba mis errores: *Pero, chico, éste es el código del portero automático de tu casa. ¿Quieres sacar dinero? Me parece que estás marcando el número secreto del cajero automático.* Yo marqué además, un número de teléfono y el número secreto de mi acceso a Internet.

Al final, la luz verde se encendió, una voz electrónica —que no era ni de mujer ni de hombre— dijo *Adelante* y pudimos abrir la puerta y entrar.

Al día siguiente nos ocurrió exactamente lo mismo. Tuvimos que leer otra vez las instrucciones en el manual, recordar el código, apretar los botones en orden... Poco a poco fuimos aprendiendo. Al cuarto día abríamos ya la puerta en menos de diez minutos. ¡Todo un récord [1]!

El quinto día, después del desayuno, volvimos a la habitación para buscar los paraguas porque estaba lloviendo. Con el manual en la mano empecé a pulsar botones. La luz roja seguía encendida. La camarera pasó por delante con su carrito de la limpieza. Nos miró con una sonrisa amable y nos dijo:

—*No hace falta , señores* [2]. *Esa puerta ya está abierta.*

Cogió el pomo, dio la vuelta hacia la izquierda y, aunque la luz seguía estando roja, abrió la puerta.

---

[1] Un gran (importante) récord.
[2] No es necesario.
[3] No importa.

—¿*Cómo es posible?* —pregunté—. *La luz está roja.*

—*Oh, es igual³. Esta puerta ha estado abierta toda la semana. ¿Ven ustedes?, es que no han bajado esta palanca que hay aquí detrás. Si no bajan la palanca, la puerta no se cierra. ¿Ven?*

A. Conteste a estas preguntas:

1. *¿Por qué cambió el dueño la cerradura?*
2. *¿Por qué les entregó el libro de instrucciones?*
3. *¿Por qué no pudieron salir del hotel enseguida el primer día?*
4. *¿Por qué volvieron a la habitación después del desayuno el quinto día?*
5. *¿Por qué había estado abierta la habitación toda la semana?*

B. ¿Pretérito indefinido o imperfecto?

Complete las frases con la forma adecuada, en pretérito o imperfecto, de los verbos que están en infinitivo entre paréntesis:

1. *El año pasado en julio, yo* (estar) .... *unos días en Palma.*
2. *El hotel* (ser) .... *muy pequeño, pero muy limpio.*
3. *No* (estar) .... *lejos del centro de la ciudad.*
4. *El dueño me* (recibir) .... *con mucha amabilidad.*
5. *Me* (acompañar) .... *a mi habitación.*
6. (Haber) .... *una cerradura muy moderna.*
7. *Para abrir y cerrar la puerta, me* (entregar) .... *una tarjeta.*
8. (Ser) .... *una tarjeta de plástico.*
9. *El primer día* (estar) .... *casi media hora para abrir.*
10. (Haber) .... *una luz que se* (encender) .... *y* (apagar) .... *todo el tiempo.*
11. (Ser) .... *de color rojo y* (estar) .... *al lado de la cerradura.*
12. *Una mañana* (pasar) .... *la camarera.*
13. *Me* (decir) .... *que la puerta* (estar) .... *abierta porque la palanca* (estar) .... *subida.*

C. ¿Para qué sirve?

¿Qué se puede hacer con cada una de estas cosas o para qué sirven?

1. *Los botones con luces de diferentes colores.*
2. *La tarjeta magnética.*
3. *La palanca.*
4. *El libro de instrucciones.*
5. *El código secreto.*
6. *El cajero automático.*
7. *Internet.*
8. *El carrito de la limpieza.*
9. *El paraguas.*

D. Números.

¿Qué números relacionados con su vida personal usan ustedes más frecuentemente?

Trabajen en grupos de 3-4 personas.

Escriban una lista. Comparen luego las listas de los diferentes grupos. ¿Para qué usan los números?

Pregunten luego a alguno de los compañeros de los otros grupos el número de la calle donde viven, su número de teléfono, el número del carnet de identidad, etcétera.

E. Escriba las instrucciones.

Trabajen en grupos de 2-3 personas.

Imagínense una cerradura. Puede ser un poco «especial». Hagan un dibujo.

Escriban las instrucciones para su uso.

F. Explique lo que pasó.

La camarera habló aquel mismo día con el director del hotel y le explicó lo que había pasado (sucedido). ¿Qué le dijo?

—*Mire usted: los clientes de la habitación…*

Continúe.

La estudiante

Tenía unas ganas locas de ver la exposición de Zurbarán que acababan de inaugurar en el museo. Ahora estaba allí, a unos metros de la entrada. Mientras buscaba el monedero en el bolso, miré al joven que vendía las entradas. Era alto y muy guapo. Me miró a los ojos. Su mirada me emocionó.

En unos meses mi vida había cambiado por completo y estaba todavía un poco perdida en mi nuevo papel. Después de cinco años de matrimonio, Pablo, mi marido, me dejó. Más tarde comprendí que había sido una suerte. Los cinco años habían sido un calvario[1] para mí.

Nos conocimos en el último curso del bachillerato[2], en el instituto. Nos casamos aquel mismo verano, contra la voluntad de nuestros padres. Él siguió estudiando en la Universidad. Yo trabajaba algunas tardes en una tienda y el resto del día me dedicaba a las tareas del hogar.

Él acabó Derecho y yo seguí siendo ama de casa. Mis amigas me decían que dependía demasiado de él y que debía aprender alguna profesión. Pero yo, ciega de amor, no les hice caso. Desde el principio de nuestro matrimonio, él tomó siempre la iniciativa. Yo era cada vez más sumisa. Esto, en vez de mejorar nuestra relación, la empeoraba.

Pablo me ofendía continuamente. Decía que estaba gorda, que había envejecido prematuramente, que no había desarrollado mi inteligencia, y otras cosas por el estilo. Él era cada vez más culto y tenía más seguridad en sí mismo [3]. Al final, cuando me dejó, yo era una verdadera piltrafa [4]. ¡De esto hace sólo medio año! Yo misma me encontraba fea, gorda, poco atractiva. Durante varias semanas apenas salí de casa. Por suerte [5] una amiga me animó a que me matriculara con ella en la Escuela de Periodismo. Ella me ayudó a hacer todos los trámites y, a pesar de que es muy difícil entrar, me aceptaron.

El curso ha empezado hace apenas dos meses. La verdad es que me siento extraña entre mis compañeros de la Escuela. Ellos son mucho más jóvenes que yo. Por lo menos, es lo que parece.

Me miro en el espejo y comprendo que Pablo tenía razón. Parezco una vieja, gorda, sin gracia. He tratado de animarme, de entrar en el papel de estudiante, y de ver la vida de otra forma. Pero es imposible. No puedo ser como mis compañeros. Me siento como una intrusa [6]. Todos se dan cuenta de que no soy una estudiante de verdad. Me gustaría poder creérmelo, pero no puedo.

Bueno, ahora tengo que procurar relajarme y pensar en la exposición que voy a ver. Abro el monedero. El joven que vende las entradas debe de darse cuenta de que estoy muy excitada. Su mirada sensual me pone aún más nerviosa. ¿Son fantasías mías? Parece que le atraigo. Sí, sí, se ha fijado en mí. Me ha mirado con interés. ¿Cómo es posible? Un chico tan atractivo… Yo no me atrevo a mirarle a los ojos. ¿Qué? ¿Es verdad? Acaba de rechazar mis monedas para la entrada y me ha dicho: *No, chica, la exposición hoy es gratis para los estudiantes.*

---

[1] Un tormento; muy duros (difíciles).
[2] Últimos años (cursos) en el colegio, antes de la universidad.
[3] Más confianza en sí mismo.
[4] Una persona sin valor, sin confianza en sí misma.
[5] Afortunadamente.
[6] Persona que está en un lugar que no le corresponde.

A. Preposiciones.

Complete las frases con las preposiciones que faltan.

1. *Tengo ganas .... ver la exposición.*
2. *La acaban .... inaugurar.*
3. *La chica está .... unos metros de la entrada.*
4. *Su vida ha cambiado .... completo.*
5. *Él le decía que era gorda y otras cosas .... el estilo.*
6. *Él tenía mucha seguridad .... sí mismo.*
7. *Ella salía poco .... casa.*
8. *Ella trataba .... animarse.*
9. *El chico se fijó .... ella.*
10. *Ella no se atreve .... mirarle a los ojos.*
11. *La exposición es gratis .... los estudiantes.*

B. Indefinidos.

Complete el diálogo con algunas de estas formas indefinidas:

nadie	*alguien*	*algo*	*nada*
ningún	*ninguno/a*	*alguno/a*	*algún*

—*Hola, ¿has visto a ....(1)...............?*

—*No, no he visto a ....(2)..............., ¿por qué?, ¿necesitas ....(3)...............?*

—*Sí, necesito dinero. No tengo ....(4)............... para comer.*

—*Yo tengo ....(5)............... de dinero. No mucho, pero...*
—*Es que necesito bastante.*

—*Bueno. ¿Hay ....(6)............... banco por aquí?*

—*No, no hay ....(7)...............*
—*Mira, por ahí vienen Ana y Pedro. ....(8)............... de los dos debe de llevar dinero.*

—*¡No, no quiero dinero suyo! De ....(9)............... de los dos. Prefiero no comer ....(10)...............*

—*¡Qué rara eres, tía!*

C. Pretérito indefinido.

Complete estos diálogos poniendo en pretérito indefinido los verbos que se destacan.

1. —¿Qué hiciste después del colegio?
   —**Seguí** estudiando.
   —¿Y tu hermano?
   —.............................. estudiando también.
   —¿En la misma universidad?
   —Sí, los dos .... estudiando en Salamanca.

2. —Hola, ¿qué **hicisteis** ayer después de la clase?
   —Yo no .... nada.
   —¿Y Juan?
   —Tampoco .... nada. Tú, ¿qué ....?
   —Muchas cosas. Mi hermano y yo .... muchas cosas.

3. —Ayer te **pusiste** muy enfadado.
   —Es que mis profesores me .... un examen sin avisar.
   —¿Sin avisar? Yo te .... una nota sobre la mesa.
   —Sí, pero cuando María y yo nos .... a traducir, ella
   .... el diccionario encima, y no la vi.

D. ¿Cómo son?

En la historia se habla de estas personas: el marido de la estudiante, los padres de la estudiante, una amiga de ella y el joven que vende entradas. ¿Qué dice la estudiante de ellos?

E. ¿Pretérito indefinido o imperfecto?

Complete el texto con las formas adecuadas de los verbos que están en infinitivo entre paréntesis. Elija entre el pretérito y el imperfecto.

Isabel (estar) ....(1)........ casada con Pablo cinco años. (Conocerse) ....(2)........ en 1980 en el Instituto y (casarse) ....(3)........ después de los estudios. Luego él (empezar) ....(4)........ a estudiar en la Universidad. Ella, por las tardes, (trabajar) ....(5)........ y el *resto del día* (dedicarse) ....(6)............ *a las tareas del hogar. Cuando Pablo* (acabar) ....(7)............ *Derecho, las amigas de Isabel le* (decir) ....(8)............ *que ella* (depender) ....(9)............ *demasiado de su marido y que ella* (tener) ....(10)............ *que aprender una profesión.*

Pablo (ofender) ....(11)............ *siempre a Isabel. Le* (decir) ....(12)............ *continuamente que no* (ser) ....(13)............ *inteligente y que no* (tener) ....(14)............ *cultura.*

Un día, su marido la (dejar) ....(15)............ *Ella, gracias a la ayuda de una amiga,* (empezar) ....(16)............ *a estudiar Periodismo. Todavía* (pensar) ....(17)............ *que no* (ser) ....(18)............ *inteligente y que Pablo* (tener) ....(19)............ *razón.*

Pero su vida (cambiar) ....(20)............ *el día que* (ir) ....(21)............ *a ver una exposición de Zurbarán. Un joven* (fijarse) ....(22)............ *en ella y la* (mirar) ....(23)............ *con interés. El atractivo joven* (notar) ....(24)............ *que ella* (ser) ....(25)............ *estudiante.*

F. ¿Recuerda la historia?

Una amiga de la estudiante cuenta la historia unos meses más tarde. Cuenta...

... *adónde fue la estudiante aquel día,*
... *cómo se encontraba entonces,*
... *cómo conoció a su marido,*
... *qué hacían él y ella,*
... *qué le decían las amigas,*
... *cómo fue la relación entre ellos,*
... *qué pasó un año y medio más tarde,*
... *qué pasó después de la separación,*
... *cómo se ve ella a sí misma mientras estudia.*

¿Qué cree usted que ha pasado después? Continúe usted la historia.

El perro amaestrado

Después de las clases, cuando hace buen tiempo, me reúno siempre con la pandilla[1] en un parque que hay cerca de mi casa. En el grupo hay una chica que me gusta mucho. Se llama Nieves y es muy guapa. Por desgracia[2] ella no parece tener interés por mí. Así que no me atrevo a decirle nada. Antes a ella le gustaba mucho un chico muy cursi que se llamaba Adolfo y esto me daba mucha rabia.

Una vez Adolfo vino con un gran perro pastor alemán, de aspecto feroz. Yo tenía un poco de miedo y le pedí que lo atara. Él se burló de mí y dijo que era un perro muy bueno y que estaba muy bien amaestrado. Aquel día nos habíamos reunido seis personas, y estábamos sentados en dos bancos que están colocados en forma de *ele* a la entrada del parque. Adolfo hizo hacer al perro varias cosas para mostrar que sabía dominarlo. Luego lo llevó debajo de un árbol y le dijo que se quedara quieto. El perro no se movió.

Adolfo es alto y fuerte. Es de esas personas que se pasan el día en el gimnasio haciendo músculos. Me imagino que debe tomar anabolizantes o pastillas de esas[3]. Tiene el cabello rubio y rizado y le gus-ta ser el centro de atención. Nieves le miraba embelesada y todo lo que él decía le parecía interesante.

—*¡Cuántas cosas sabes, Adolfo! Tienes una respuesta para todo* —decía, mirándole con admiración.

Yo me consumía de celos, pero disimulaba. No quería hacer el ridículo. Si él lo notaba, iba a ser peor para mí.

En su tiempo libre Adolfo se dedicaba a amaestrar perros y tenía unos cachorros[4] para vender.

—*¿No os gustaría tener uno?* —nos preguntó—. *Un perro hace compañía. Además* —dijo señalando a su perro que seguía inmóvil debajo del árbol—, *éste es el padre y es muy inteligente. Es un perro de raza pura.*

—*En la ciudad los perros lo pasan muy mal* —dije, intentando parecer más humano que él. Quería ofenderle pero no encontraba las palabras para hacerlo. Él me miraba con una sonrisa.

—*Granada no es una gran ciudad como Madrid o Barcelona* —contestó—. *¿No te gustaría, Nieves? Yo te puedo ayudar a amaestrar el cachorro. Es muy fácil. Los perros, si uno sabe educarlos, hacen siempre lo que su dueño quiere.*

—*Pero los pastores alemanes son peligrosos* —le dije.

—*No, si se les educa bien. Todo depende de la habilidad de su dueño* —contestó.

—*Sí, sí* —dijo Nieves—, *me gustaría tener uno.*

Era la hora de ir a cenar. Nos empezamos a despedir. Adolfo llamó al perro, pero éste no se movió. Adolfo levantó la mano y le gritó: *¡Ven aquí, Roky!* De pronto se oyó un ruido ronco, un ladrido feroz y el perro saltó con furia sobre Adolfo. ¡Sobre su dueño! Tenía los dientes largos y afilados. Le dio un mordisco feroz, que le arrancó medio pantalón y le dejó el trasero desnudo y ensangrentado.

Desde aquella noche ya no le he visto más y, desde luego, Nieves no ha vuelto a hablar de comprar un cachorro.

---

[1] Grupo de amigos.   [3] De ese tipo, similares.
[2] Lamentablemente.   [4] Perros muy jóvenes.

A. Presente de indicativo.

Complete las frases utilizando, en presente de indicativo, algunos de estos verbos:

llamarse	pasarse	despedirse	atreverse	
imaginarse	dedicarse	reunirse	burlarse	moverse

1. *Los amigos* .... *en el parque.*
2. *La chica* .... *Nieves.*
3. *El chico no* .... *a hablar con ella.*
4. *Adolfo* .... *de su amigo.*
5. *El perro está quieto, no* ....
6. *Adolfo* .... *el día en el gimnasio.*
7. *Yo* .... *que a Nieves le gusta Adolfo.*
8. *¿Tú* .... *a amaestrar perros?*
9. *Adiós, Nieves y yo* .... *¡Hasta mañana!*

B. ¿Te gusta?

Si Juan tiene interés por Ana, decimos que «a Juan le gusta Ana» (o «Ana le gusta a Juan»). Si yo tengo interés por Ana digo que «a mí me gusta Ana» (o «me gusta Ana»).

Continúe usted. Si no hay un nombre, póngalo:

1. *Juan tiene interés por Ana: A Juan le gusta Ana.*
2. *Eva tiene interés por Juan:* ....
3. *Yo tengo interés por M...:* ....
4. *¿Tienes interés por Pedro: ¿* ....?
5. *Mario tiene interés por Isabel y Eva:* ....
6. *Luis y yo tenemos interés por C...:* ....
7. *¿Usted tiene interés por el cine español?: ¿* ....?

C. Conteste a las preguntas:

La persona que cuenta la historia, ¿qué hace cuando hace buen tiempo?

¿Qué relación hay entre las tres personas?

¿Qué hace el perro mientras las personas hablan?

38

D. ¿Se ha enterado usted?

1. *¿Que sabe de la persona que cuenta la historia?*
2. *¿Qué sabe sobre Adolfo? ¿Cómo es? ¿Qué hace?*
3. *¿Qué piensa de Nieves el que cuenta la historia?*
4. *¿Que piensa de Adolfo? ¿Qué sentimientos tiene?*

E. ¿Perros sí? ¿Perros no?

En la historia se habla de algunas ventajas e inconvenientes de tener perro. Haga una lista con las ventajas y los inconvenientes. ¿Piensa usted que hay otras ventajas o inconvenientes? ¿Cuáles son?

F. Dialoguen y argumenten.

Trabajen en parejas. Uno de ustedes es **A** y el otro **B**. Piensen en las ventajas e inconvenientes de tener un perro u otro animal. Escriban un diálogo con los argumentos que hay aquí abajo, o con otros. Lean luego el diálogo ante el resto de la clase. Utilicen frases como:

puede (ser)	*a mí me parece*
(no) estoy de acuerdo	*a lo mejor, sí*
(no) es verdad	*(no) tienes razón*

A: Quiere vender un perro/inteligente.
B: Inconvenientes/ciudad.
A: No es una ciudad grande/mala/dura.
B: Inconvenientes/muchas horas solo en casa.
A: Ventajas/vigilan.
B: Inconvenientes/se tiene que salir con el perro.
A: Ventajas/paseos por el parque/hablar con otras personas que tienen perro.
B: Inconvenientes/frío, lluvia.

G. Cuente la historia.

En realidad, a Nieves no le gusta Adolfo. Le gusta mucho Andrés, el chico que cuenta la historia. Unos años más tarde ella recuerda la historia y se la cuenta a Andrés. ¿Qué le dice?

39

¡Petróleo!

—*¿Está todo ya?*

Don Roberto había organizado una excursión al campo con su familia, es decir, con su mujer, sus dos hijos y su suegra. Comprobó una vez más que no habían olvidado nada y salieron

Dos horas más tarde dejaron la autopista y tomaron un estrecho camino sin asfaltar. Poco después llegaron a un lugar precioso. Era un pequeño valle rodeado de montañas y cruzado por un riachuelo de agua limpia.

—*Como el camino muere aquí, nunca viene nadie* —le dijo Roberto a su suegra. Aparcó el coche y empezaron a sacar las cosas de él. Eligió el lugar para montar la tienda, en el centro de una pequeña explanada, un poco alejado del río. Era una tienda antigua y para sujetar el gran palo central, había que hacer en el suelo un agujero de unos cuarenta centímetros.

—*Lo pondremos aquí* —dijo Roberto—. *Entre el palo y la entrada de la tienda tiene que haber una distancia de 110 centímetros.*

Empezó a trabajar con un pequeño pico.

—*Ya está bien* —dijo Sofía—. *A ver, niños, traed el palo.*

—*El agujero tiene que ser un poco más profundo* —dijo Roberto, y siguió picando.

Se oyó un ruido seco y del suelo empezó a salir un líquido negro y espeso. Roberto se agachó. Mojó la punta de los dedos en el pequeño charco que ya se había formado y se los llevó a la nariz.

—*¡Es petróleo!* —gritó.

—*¿Petróleo?* —preguntaron los niños.

—*¡Has encontrado petróleo! ¡Virgen Santísima!* —dijo la suegra—. *Tenemos que avisar al Ayuntamiento.*

—*¿Estás loca?* —dijo él—. *Lo que voy a hacer es comprar esta parcela enseguida. ¿No sabes los millones que puedo ganar con todo esto? ¡Es increíble! ¡Mira cuánto petróleo sale! Tenemos que regresar inmediatamente.*

Se había formado ya un enorme charco y el espeso líquido seguía brotando con fuerza. En unos instantes lograron recoger todas las cosas y salieron con el coche a toda prisa.

Por la noche, a Roberto le costó dormir. Hizo y deshizo infinidad de planes. Por suerte tenía unos pequeños ahorros y, además, podría hipotecar la casa, porque necesitaría, como mínimo, unos cincuenta millones para comprar el terreno.

—*No nos podemos fiar de nadie* —dijo Sofía con desconfianza—. *Todo el mundo te querrá estafar.*

Al día siguiente por la mañana Roberto salió temprano de casa. Entró en una cafetería a desayunar mientras esperaba a que abrieran el banco. Pidió un café y leyó el diario. Mientras el camarero le preparaba el café, Roberto se fijó en una noticia de la portada. «Importante atentado terrorista…», leyó, y dijo al camarero:

—*No sé cuándo se acabará esto del terrorismo. Si yo fuera ministro…*

—*Ya tiene razón, ya* —dijo el camarero, sin darse la vuelta. Estaba de espaldas, haciendo cafés—. *Además no sé por qué tenían que reventar el oleoducto que transportaba el petróleo a la refinería. Y eso que*[1] *pasaba bajo tierra para que nadie pudiera verlo. Dicen que ayer por la tarde salieron más de veinte mil litros de petróleo y se formó un*

---

[1] A pesar de que; aunque.

charco enorme. ¿Se imagina? El río donde yo siempre pesco está a diez minutos de allí. Ahora ya no podré ir a pescar truchas en ese río, porque el agua está contaminada. ¡Es una porquería!

El camarero se volvió con el café, pero Roberto ya no estaba allí. Había desaparecido con el periódico.

A. ¿Pretérito indefinido o imperfecto?

Complete las frases con la forma adecuada de alguno de estos verbos:

> *pedir   fijarse   pasar   comprobar   estar*
> *necesitar   leer   entrar   cruzar*

Elija entre el pretérito indefinido y el imperfecto.

1. *Antes de salir, Roberto* .... *que todo estaba en el coche.*
2. *Un riachuelo* .... *el valle.*
3. *Roberto fue al banco porque* .... *mucho dinero.*
4. .... *en una cafetería.*
5. *El camarero* .... *de espaldas, haciendo cafés.*
6. *Roberto* .... *un café y* .... *el diario.*
7. *Luego* .... *en una noticia de la portada.*
8. *El oleoducto* .... *bajo tierra.*

B. Combine.

Combine cada una de las palabras o expresiones de la columna de la izquierda con su equivalente (o sinónimo) de la derecha.

1. *suegra*
2. *muere*
3. *siguió*
4. *regresar*
5. *riachuelo*
6. *en unos instantes*
7. *parcela*
8. *ahorro*
9. *pescar*

a. *pequeño río*
b. *terrenito*
c. *acaba, termina*
d. *madre del marido*
e. *volver*
f. *dinero guardado en el banco*
g. *en poco tiempo*
h. *coger peces en un río o en el mar*
i. *continuó*

C. Preposiciones en expresiones de distancia.

Ponga las preposiciones que faltan en las siguientes frases. En algún caso falta también el artículo.

1. *La fábrica está .... una hora .... Madrid .... coche.*
2. *............ mi trabajo .... centro hay unos doce kilómetros.*
3. *El hotel está .... veinte metros .... la playa.*
4. *............ aquí .... campo de fútbol puedes ir andando.*
5. *El río de las truchas está .... diez minutos .... aquí.*
6. *............ la playa y nuestro hotel hay una distancia .... más de medio kilómetro.*

D. Corrija la noticia.

Ésta es la noticia que apareció el día siguiente en la prensa. Casi todo lo que pone está equivocado. Lea la noticia y corríjala. Diga lo que está equivocado y lo que ocurrió de verdad.

ros por editorial tempo...
ión inmediata es la huida, la jubila- , la jubilación anticipada, el retiro a una joven una joven playa desierta, de esas que ya no exis ya no existen. Casi cualquier cosa antes que antes que este vértigo ante la avalancha de octubre de octubre.

..., que debe
dirigente político que ya no recuerda esta alt...
de olvidó la ética. Lectura para todos los ites en la públicos, Teresa Pàmies demuestra ce la otra ca... vamente su franqueza, su sinceridad y constante, la

PETRÓLEO EN NUESTRA REGIÓN

Hace unos días Don Roberto Paz fue al campo con su mujer y unos amigos. Fueron en autobús. A mediodía comieron en un restaurante y después de una breve siesta subieron a una montaña. Allí, justo al lado de un río, montaron una tienda de campaña. La montaron en una parcela que es propiedad de la suegra del señor Paz. Don Roberto y sus amigos querían poner un gran parasol. Hicieron un agujero en el suelo y encontraron ¡petróleo! El Ayuntamiento ha comprado la parcela a la familia Paz y ha construido un oleoducto para transportar el petróleo a una refinería.

Las claves para ser el ...

Con estos grandes ejes se despliegan los ...unos fenómenos como "una nueva forma ...mr) la globali...

eliminar las redes criminales, sino si las redes criminales no terminarán controland... una parte sustancial de nuestra ...

La excursión de los abuelos

La pareja de ancianos ha venido a pasar el día en Aranjuez. Entran en el restaurante Joaquín Rodrigo. Han reservado una mesa.

La señora va elegantemente vestida, con un chal sobre los hombros y lleva guantes blancos. Tiene el cabello blanco, muy bien peinado hacia atrás. El señor lleva una chaqueta de discreto color gris y una corbata de seda. El maître les ofrece unas sillas cerca de la ventana, con una vista magnífica sobre el río Tajo.

—*Ahora mismo* [1] *les traigo la carta.*

—*No, por favor, no estamos todos. Esperamos a nuestro hijo y a su familia. Cuando lleguen ellos, pediremos la comida.*

---

[1] En seguida; inmediatamente.

—*Como ustedes quieran.*

Poco después se acercan un señor vestido de militar y una señora rubia —ambos de mediana edad— y una chica joven, que parecen buscar una mesa libre. La pareja de ancianos les hace un gesto con la vista y les dice algo. Ellos sonríen y se sientan. Llega el maître y les da la carta.

—*Si quieren, además, tenemos un menú especial de tres platos* —dice—. *Una ensalada de salmón al vinagre, una sopa de pescado con arroz y una merluza con verduras, o costillas de cabrito. Pueden elegir entre la carne y el pescado. Y de postre, helado de vainilla con canela.*

—*Muy bien* —dice la señora—. *Para nosotros dos, el menú con pescado y una botella de cava.*

—*¿Vosotros también queréis el menú?* —pregunta el militar a la mujer rubia y a la chica joven.

—*Sí, pero para mí, costillas* —dice la chica.

—*Yo, merluza* —dice la mujer rubia—. *Hace mucho que no como pescado.*

—*Muy bien; entonces, dos de pescado y uno de carne* —dice el maître mientras anota en su bloc.

—*Y una botella de vino rosado* —dice el militar—. *Ése de la Rioja, por ejemplo.*

—*No demasiado frío, por favor* —dice la señora.

—*En seguida, señores.*

Las cinco personas comen y conversan. Son de Madrid y han venido a Aranjuez para visitar el palacio, que se empezó a construir en tiempos de Felipe II, y los magníficos jardines con sus famosas fuentes. Toman café descafeinado. Los dos ancianos toman una copita de jerez dulce y, después, se levantan y se van.

Al cabo de un rato llega el camarero con la cuenta. El militar la examina y protesta:

—*Oiga, que nosotros sólo somos tres y aquí nos cobra usted cinco menús... y una botella de cava.*

—*¿Cómo tres? ¿Y sus padres?*

—*¿Mis padres? ¡Mis padres están en Sevilla!*

—*Pero, ¿y aquella señora con el cabello blanco y aquel señor?*

—*Ah, no son familiares nuestros. No sabemos quiénes son. No los conocemos. Nos han ofrecido su mesa, pero nada más...*

—*Vamos, hombre* —exclama el camarero—. *¡Sí que la he hecho buena[2]! Se han ido sin pagar. ¡Qué cara más dura![3]*

El camarero le da una nueva cuenta. El señor paga y sale del restaurante con su esposa y su hija. No muy lejos de allí tienen aparcado el coche. Entran en él y, en el asiento de detrás, están los dos viejos.

—*Bueno, papás* —dice el militar—, *ya habéis estado en Aranjuez. Ahora tenemos que volver a la residencia, que ya es tarde.*

—*Yo, el próximo fin de semana, quiero ir a Toledo* —dice el abuelo.

—*Es verdad. Allí aún no hemos estado* —dice la abuela—. *Y faltan sólo tres días para mi cumpleaños. Entonces tenemos que ir también a Segovia.*

—*A ver el acueducto.*

—*Y a comer en el mesón de Cándido, que tienen un cordero asado estupendo.*

---

[2] ¡Qué desastre! He hecho una cosa muy mala.
[3] ¡Qué inmorales! ¡Que sinvergüenzas!

A. ¿Qué verbos faltan?

Complete el texto poniendo (en presente de indicativo) los verbos adecuados.

Los señores Madrigal ....(1)............ *una mesa para cinco personas. En el restaurante* ....(2)............ *pocas mesas libres. La señora* ....(3)............ *de baja estatura y* ....(4)............ *despacio. El señor* ....(5)............ *una chaqueta gris.*

—*Ahora les* ....(6)............ *la carta* —dice el maître—. *Todavía no* —dice la señora—, *es que* ....(7)............ *a nuestro hijo.*

El agua del río ....(8)............ *un color verde oscuro. Cuando llega la pareja, la señora les* ....(9)............ *un gesto con la vista. Ellos se* ....(10)............ *en la silla y luego comen todos juntos.*

B. ¡Cuánto tiempo!

En este diálogo faltan algunas expresiones de tiempo:

al cabo	en punto	faltan	en tiempos de	pasado
poco después	a qué hora	sobre	hace	cuando llega
dentro de	mientras	cuando llegue	durante	

Un grupo de amigos se va a reunir en el club. Pedro tiene que preparar unos bocadillos y llama a su amigo José

PEDRO: *Hola, José. ¿............(1)............ vas a ir al club?*

JOSÉ: *¿Cuándo abren?*

PEDRO: *Ya han abierto. Siempre abren a las cuatro ....(2)............*

JOSÉ: *Pues, iré ....(3)............ media hora. Llegaré ....(4)............ .... las seis. ¿Y María?*

PEDRO: *Ella no tiene coche. Llegará más tarde, ...(5)............ de las siete.*

JOSÉ: *Por favor, ...(6)............ le dices que tiene que saludar a la secretaria.*

PEDRO: *Tranquilo. María ....(7)............, saluda siempre a todo el mundo.*

JOSÉ: *Y tu hermana, ¿ha llegado ya?*

PEDRO: *Sí, ha llegado ....(8)............ media hora, pero ya no está. ....(9)............ de un rato se ha ido. Tenía que ir al dentista.*

JOSÉ: *Bueno, ya son casi las seis menos cuarto.*

PEDRO: *............(10)............ sólo cinco minutos. ....(11)............ tú vas al club, yo preparo los bocadillos. Hasta luego.*

JOSÉ: *Hasta ahora.*

47

C. Todo.

Complete las frases con *todo*, *toda*, *todos* o *todas*.

1. *Lo siento, pero .... las mesas están reservadas.*
2. *¿Se han bebido .... la botella?*
3. *Vengo aquí casi .... los días.*
4. *He trabajado .... el mes en lo mismo.*
5. *¿Se ve el mar desde .... las terrazas?*
6. *Me he pasado .... la noche sin dormir.*
7. *¡Parece mentira, con .... lo que he hecho por ti!*
8. *En eso estamos .... de acuerdo.*

D. Cuente, cuente.

El maître va a la policía y explica lo que le ha pasado:

—*Mire usted: Ayer llegaron unos señores y...*

Continúe usted.

E. ¿Cómo son?

La policía envía un fax con una descripción de las personas:

La señora es..., el señor es...

Continúe usted.

El pintor

—*Vamos a ver: tres Picassos*[1], *dos Dalís*[2] *y un Miró*[3]. *¿Es todo?*

—*Sí. Es lo que me encargaron. ¿Los tienes?*

El joven sacó los cuadros de un armario y se los entregó al viejo.

—*Toma. ¡Cuidado!* —dijo, un poco nervioso.

—*¿Qué pasa, tío?*[4]. *¿No están bien secos?* —preguntó el viejo.

—*Claro que están secos, hombre. Los pinté hace más de seis meses.*

—*Te han quedado estupendos. ¡Qué tío eres!*[5]. *¡Es imposible ver que no son auténticos!*

—*¡Ha hablado el experto!*

El viejo no le hizo caso. Envolvió los cuadros con cuidado.

—*Esta acuarela de Miró es preciosa* —dijo mientras la envolvía.

---

[1] Pablo Ruiz Picasso, pintor español (1881-1973).

[2] Salvador Dalí, pintor surrealista español (1904-1989).

[3] Joan Miró, pintor español (1893-1983).

[4] Hombre, chico (familiar).

[5] ¡Qué bueno (fastástico) eres!

—*Puede ser que sea preciosa, pero desde luego no es una acuarela. Es un gouache* —dijo el joven irritado—. *Bueno, tengo que terminar el cuadro de Juan Gris*[6].

—*Ya me voy* —Los cuadros no eran muy grandes y el viejo se los puso debajo del brazo. Abrió la puerta y salió—. *Adiós, hasta el martes.*

—*Ciao.*

El joven se quedó en el estudio y continuó pintando. La habitación era bastante grande y estaba llena de libros y fotografías de cuadros de otros pintores. Antes de imitar a un pintor, el joven estudiaba siempre de forma sistemática y durante mucho tiempo su técnica, e incluso su carácter y sus costumbres.

Su habilidad era admirable. Estaba tan seguro de ella, que se divertía llevando sus cuadros a los expertos más conocidos del país. Muchos de ellos usaban lupa o algún aparato sofisticado. No servía para nada. Ninguno sospechó jamás que se trataba de cuadros falsificados. *¡Hombre! Se ve a simple vista*[7] *que es un Picasso de los años veinte. Es una obra extraordinaria* —le decían—, o *No hay duda ninguna: es un Juan Gris como una catedral*[8]. *Yo diría que de los mejores, ¿eh?* No hacía mucho un importante museo le había encargado un cuadro de la pintora mexicana Frida Kalho[9]. Aunque el director sabía muy bien que era falso, lo colgó en una de las mejores salas del museo, al lado de un óleo de su marido, Diego Rivera[10], que probablemente también era falso. *La mayor parte de los cuadros de los museos* —le había dicho el director— *son falsos, pero es igual porque la gente sólo va al museo para ver las firmas.*

Aunque era joven, tenía ya una gran experiencia. Había falsificado la firma de los más prestigiosos artistas. Los cuadros los vendía el viejo, que era un hombre de aspecto humilde. Iba casi siempre mal afeitado y llevaba ropa gastada y algo sucia. Como parecía un pordiosero[11], los clientes pensaban que había robado los cuadros y por eso dudaban aún menos de su autenticidad.

---

[6] Pintor cubista español (1887-1927).
[7] Sin necesidad de examinarlo en detalle. Rápidamente.
[8] Auténtico; sin duda alguna.
[9] 1910-1954.
[10] Pintor mexicano (1886-1957).
[11] Mendigo; hombre pobre.

Llamaron a la puerta. El joven pintor interrumpió su trabajo al oír el timbre. El sonido nervioso le asustó. Se acercó a la puerta. Miró por la rejilla y abrió sorprendido. Entró el viejo. Estaba furioso.

—*Pero, ¿qué pasa?* —preguntó el joven.

—*¡Un desastre!* —gritó el viejo—. *Nos han descubierto.*

—*Imposible. No lo creo. Las falsificaciones son perfectas.*

—*Pues es verdad. Ha sido el cuadro de Miró.*

—*Pero si los cuadros suyos son los que imito mejor. Salen perfectos.*

—*Serán todo lo perfectos que quieras* [12] —dijo el viejo cerrando los ojos como para no oír lo que él mismo estaba diciendo—, *pero ¡pusiste la firma de Picasso!*

---

[12] Es posible que sean perfectos.

Joan Miró:
Ermita de Sant Joan d'Hôrta

A. Dos pronombres.

Complete las frases como en el ejemplo:

*Los cuadros/al viejo: Sacó los cuadros y **se los** dio al viejo.*

1. *Las acuarelas/a su hermano:* ....
2. *La fotografía/a mí:* ....
3. *Los libros/a nosotros:* ....
4. *Las botellas/a Juan y a mí:* ....
5. *Dos naranjas/a usted:* ....
6. *Los discos/a sus amigos:* ....
7. *Las postales/a ti y a tu hermano:* ....
8. *El cuadro/al viejo y a mí:* ....
9. *La guitarra/a mí:* ....

B. Subjuntivo.

Construya frases como la del ejemplo:

—*Este cuadro es barato y es auténtico.*
—*Puede que **sea** barato, pero no **es** auténtico.*

1. *El hotel está en el centro, está al lado de la estación.*
2. *El coche tiene dos puertas y tiene el volante a la derecha.*
3. *Los niños cantan tangos y cantan ópera.*
4. *El pintor imita a Picasso y a Dalí.*
5. *Fernando Botero es experto en pintura y en música.*
6. *Esta ropa sirve para ir a trabajar y para ir a la fiesta.*

C. ¿Pretérito indefinido o imperfecto?

Complete las frases con la forma adecuada del pretérito o del imperfecto de los verbos que están en infinitivo entre paréntesis.

El viejo (llegar) ....(1)................. *a la casa del pintor a las diez.*

El joven artista ya (estar) ....(2)................. *pintando un cuadro.*

(Ser) ....(3)................. *una copia de un cuadro de Picasso. El viejo le* (decir) ....(4)................. *que el cuadro le* (gustar) ....

.............(5)............. *mucho y que no* (parecer) ....(6)................. *una copia. Esto le* (gustar) ....(7)................. *al pintor. Luego, el viejo* (salir) ....(8)................. *y el joven* (mirar) ....(9).................

hacia el armario. Allí (haber) ....(10)................. *un cuadro a medio pintar, que* (imitar) ....(11)................. *el estilo de Miró. El joven* (poner) ....(12)................. *este cuadro en la mesa y lo* (terminar) ....(13)................. (Ser) ....(14)................. *una acuarela. Pero cuando* (poner) ....(15)................. *la firma,* (equivocarse) ....(16).................: (Poner) ....(17)................. *la firma de Picasso en vez de la de Miró.*

52

D. Contrarios.

Encuentre, en el texto de la historia, palabras que signifiquen lo contrario que las siguientes:

1. Venimos	10. Feísima	19. Nunca
2. Joven	11. Empezar	20. Poco
3. Metió	12. Vengo	21. Se aburría
4. Viejo	13. Pequeños	22. Auténticos
5. Tranquilo	14. Encima	23. Peores
6. Húmedos	15. Cerró	24. Tampoco
7. Menos	16. Entró	25. Menor
8. Posible	17. Vacía	26. Compraba
9. Falsos	18. Después	27. Limpia

E. Preposiciones.

Complete las frases con las preposiciones que faltan. En algunos casos tiene que poner, además, el artículo:

1. *El joven sacó los cuadros .... un armario.*
2. *Se los entregó .... viejo.*
3. *Los pinté hace más .... seis meses.*
4. *Envolvió los cuadros .... cuidado.*
5. *Esta acuarela .... Miró es preciosa.*
6. *............... luego, no es una acuarela.*
7. *Adiós, ... el martes.*
8. *El joven se quedó .... el estudio.*
9. *No servía .... nada.*
10. *............... eso no dudaban de su autenticidad.*

F. Escriba una biografía.

Consulte una enciclopedia y escriba una breve biografía sobre alguno de los pintores que aparecen en el texto.

La niña y el viejo

María Luisa tenía un corazón de oro, pero era muy perezosa. A la salida del colegio sus compañeros se quedaban en casa una o dos horas haciendo los deberes o iban a la biblioteca. Pero ella no. Se pasaba las horas en la calle jugando sola con una pelota, subiéndose a los árboles o hablando con los vecinos. Entraba en la peluquería de señores, se sentaba en una silla, como si esperara su turno, y escuchaba las animadas discusiones sobre política o sobre fútbol que siempre había en el salón.

Un día, Damián, uno de los viejecitos que la niña había visto muchas veces en la peluquería, fue a la escuela para preguntar si alguno de los niños le quería ayudar a leer el periódico. Dijo que veía muy mal. Llevaba gafas oscuras, como los ciegos que venden números de lotería. A María Luisa le caía simpático aquel abuelo de grandes barbas blancas y aspecto bonachón, que caminaba con dificultad. Se pusieron de acuerdo enseguida y aquel mismo día ella le leyó algunos artículos del periódico.

Diariamente, a la salida del colegio, María Luisa corría hacia la casa del viejecito, se sentaba enfrente de él y le leía primero los titulares[1] y luego los artículos que él elegía. Poco a poco la niña fue cogiendo experiencia y leía cada vez con mayor seguridad.

Un día, el viejecito le pidió que leyera un libro. Desde entonces ya nunca más le pidió que leyera el diario. La niña leía libros en voz alta toda la tarde, incluso hasta las primeras horas de la noche. A veces hablaban de lo que acababa de leer.

Pasó el tiempo y María Luisa siguió yendo todas las tardes a la casa del viejo. Al cabo de un año ya había leído casi todos los libros que había en casa de don Damián y empezó a traer libros de la biblioteca. Unas veces los elegía él, otras lo hacía ella. María Luisa se había aficionado tanto[2] a la lectura que, cuando no estaba en el colegio o en casa de don Damián, se pasaba también todo el tiempo leyendo. Cuando los vecinos le preguntaban algo, ella siempre tenía una respuesta ingeniosa. La gente se quedaba maravillada.

Dos años más tarde María Luisa era ya casi una mujer. Terminó el colegio. Quiso continuar estudiando en la universidad y tuvo que irse a vivir a la ciudad.

Se fue a despedir, con mucha pena, del viejecito. La despedida fue muy triste.

—*Mira* —le dijo don Damián— *te quiero hacer un pequeño regalo. Te voy a dar un librito que me regaló mi abuelo hace más de sesenta años, cuando yo tenía tu edad, e iba a empezar también a estudiar en la universidad.*

El viejo sacó un librito de un pequeño armario y leyó unas frases.

María Luisa se extrañó al ver que el viejo podía leer sin dificultad, y con tan poca luz, una letra tan pequeña.

—*Bueno, ya te lo puedo decir…* —dijo el viejo con una cariñosa sonrisa—. *Sabes…, es que afortunadamente veo la mar de*[3] *bien. A mí me pareció que eras una niña muy inteligente y que estabas perdiendo el tiempo, sin hacer nada, todo el día en la calle. Quería que te interesaras por la lectura y no sabía cómo hacerlo. Como nunca habías leído libros no podías saber si te gustaban, no te podías imaginar lo que era leer un libro. Y entonces se me ocurrió la idea de hacer ver que veía mal.*

---

[1] Títulos. Palabras que hay al principio de un artículo en un periódico.

[2] Tenía tanto interés.

[3] Mucho; muy bien.

A. ¿Recuerda qué palabras faltan?

1. *María Luisa tenía un corazón de ....*
2. *Se .... las horas en la calle.*
3. *Se sentaba como si esperara su ....*
4. *El viejo tenía un .... bonachón.*
5. *Los dos se .... de acuerdo.*
6. *Cada .... leía con mayor seguridad.*
7. *María Luisa leía en .... alta.*
8. *Se había .... a la lectura.*
9. *La gente, escuchándola, se .... maravillada.*
10. *El viejo veía la .... de bien.*
11. *A Damián se le .... una idea.*

B. ¿Pretérito indefinido o imperfecto?

Complete las frases con la forma adecuada de los verbos que están en infinitivo. Use el pretérito indefinido o el imperfecto.

1. *Cuando (ser) .... pequeña, María Luisa (tener) .... un corazón de oro.*
2. *Sus amigos (ir) .... a la biblioteca a estudiar, pero ella (quedarse) .... en la calle.*
3. *Allí (jugar) .... con una pelota, o (hablar) .... con la gente.*
4. *Un día Damián (ir) .... a la escuela. (Decir) .... que (ver) .... mal y que (necesitar) .... ayuda para leer.*
5. *María Luisa le (decir) .... que ella (querer) .... ayudarle.*
6. *Ella y él (ponerse) .... de acuerdo.*
7. *Todos los días, la niña (ir) .... a casa de don Damián y le (leer) .... el diario.*
8. *Dos años más tarde María Luisa (terminar) .... el colegio.*
9. *Ella (despedirse) .... del viejo.*
10. *Él le (regalar) .... un librito.*
11. *Ella (irse) .... a la ciudad para estudiar.*

56

C. Diferencias.

Estas afirmaciones no coinciden con lo que se dice en la historia. ¿Cuál es la diferencia?

1. *La niña, a la salida del colegio, se quedaba estudiando.*
2. *En la peluquería leía el diario.*
3. *A María Luisa no le gustó Damián.*
4. *La niña leyó siempre con mucha dificultad.*
5. *La niña sólo leyó al viejo los diarios.*
6. *La niña vivió toda su vida en el pueblo.*
7. *Cuando se despidieron el viejo le regaló una radio.*
8. *El viejo casi no podía ver.*

D. Cuente la historia.

Estas ideas pueden ayudarle a recordarla:

La vida de la niña antes de conocer al viejo.
El viejo va a la escuela.
Se ponen de acuerdo.
Primero: periódicos.
Luego: libros.
Más tarde: biblioteca.
Opinión de los vecinos.
Despedida.
Regalo: librito.
Explicación del viejo.

E. Representen una escena.

Elijan una parte de la historia y representen la escena ante la clase. Primero deciden cuántas personas hay y qué van a decir. Luego escriben los diálogos y finalmente representan la escena.

La escena puede ser, por ejemplo, una de éstas:

1. María Luisa va a la peluquería. Saluda. Pide turno (pregunta, por ejemplo, *¿Quién es el último?*). Dos o tres personas hablan con el peluquero de política, fútbol, etc. Hablan también del pelo (*¿Está bien?*, *Más corto*, etc.). Luego la niña se despide. Dice, por ejemplo, que tiene que ir a estudiar, que ya se cortará el pelo otro día.

2. Damián va a la escuela. En la clase habla con el profesor o la profe-
   sora y con un pequeño grupo de estudiantes. Les dice que necesita
   ayuda. Les explica lo que tienen que hacer, cuántas veces a la semana, a qué hora, cuanto les va a pagar, etc. Los estudiantes dicen
   si les interesa o no, qué problemas hay. Al final se pone de acuerdo
   con uno.

3. Damián y María Luisa se despiden. Ella le dice lo que va a hacer en
   la ciudad. Él le regala un librito (u otra cosa). Ella descubre que él
   ve bien. Él le explica todo.

F. Sopa de letras.

¿Es usted capaz de encontrar las once soluciones del ejercicio **A**
en esta sopa? Tenga en cuenta que una misma letra puede formar
parte de varias palabras, y que éstas se escriben al derecho y al
revés, en sentido horizontal o vertical.

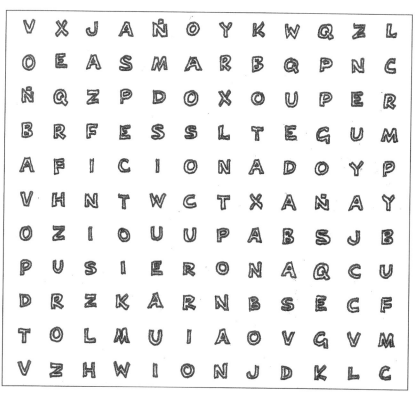

—¿Diga?

—Hola, María. Soy Augusto. ¿Ha venido el cartero? ¿Hay alguna carta?

—Nada especial…, a ver… dos cartas del banco, el seguro del coche… Ah, sí, una carta del señor Conde.

—Debe de ser la invitación para la fiesta. A ver qué dice. Ábrela, por favor.

—«Me complace invitarle a la fiesta que tendrá lugar…» Sí, es una invitación.

—Bueno, es que ya me ha enviado una a la oficina. ¿Es el día 23, no?

—Eso es. Es en su casa, a las ocho y media.

—Sí, ya lo sé. Sólo me da rabia tener que ponerme traje oscuro. No lo he llevado desde hace tres años. Desde luego, no pienso comprarme uno nuevo sólo para ir a su casa.

—*No te preocupes, hombre, que el que tienes está bien.*

—*Es que es nuestro mejor cliente.*

Lo primero que hizo cuando llegó a su casa fue probarse el traje. Era algo anticuado[1] y le venía estrecho.

—*Pues yo encuentro que te está la mar de bien*[2] —le dijo su mujer.

—*¡Qué va! ¿No ves que no puedo abrochármelo? Tengo que adelgazar tres o cuatro kilos. No me importa que sea un poco anticuado. ¡Pero tengo que poder abrochar el botón! Para cenar, tomaré sólo una ensalada.*

Aquella misma noche, antes de cenar, estuvo haciendo gimnasia mientras veía la televisión. Estaba sudando. Se subió varias veces a la báscula para comprobar su peso. Pero pesaba siempre lo mismo.

—*¡Hombre!* —le dijo su esposa—, *¡no vas a pretender perder unos kilos en tan poco tiempo!*

—*Déjame* —contestó él—. *Ya verás. ¿No ves cómo estoy sudando? Algo tengo que estar perdiendo, por lo menos unos gramos. Esta báscula es una porquería.*

Dos días más tarde Augusto había adelgazado efectivamente unos gramos. Él mismo lo había podido comprobar en la báscula de la farmacia, que era mucho más sensible. Eso sí, se había alimentado a base de agua y fruta y todo su tiempo libre lo dedicaba a hacer gimnasia.

Una semana después, el día 23 por la tarde, se vistió para ir a la fiesta.

—*¿Ves el traje?* —le dijo a su mujer—. *Me está un poco justo*[3], *pero casi no se nota.*

Llegaron puntuales a la fiesta. En el jardín había ya algunas personas. El señor Conde y su mujer les recibieron en la puerta del jardín.

—*¡Hombre, Augusto¡ ¡Qué alegría! ¡Y qué elegante vienes!* —le dijo el señor Conde.

Augusto se dio cuenta de que él era el único que llevaba traje. Todo el mundo llevaba ropa deportiva. Muchos iban con vaqueros.

---

[1] De estilo antiguo; no actual.

[2] Muy bien; estupendamente.

[3] Un poco pequeño; un poco estrecho.

—*¿No recibiste mi carta?* —le preguntó el señor Conde, extrañado de verle vestido de aquella forma.

—*¿Qué carta?* —preguntó Augusto.

—*Después de la invitación te escribí a tu casa para decirte que habíamos decidido hacer la fiesta en el jardín. Haremos una barbacoa y será todo muy informal. ¿Mejor, no?*

—*Claro, claro* —contestó Augusto incómodo, conteniendo su rabia.

Le pareció volver a sentir que la chaqueta le apretaba el estómago.

A. Complete las frases.

En estas frases faltan algunas palabras. Complételas utilizando las del recuadro.

> he adelgazado   Dedico   peso   abrochar
>   puntual   a base de   sudo

1. *No puedo .... el botón.*
2. *Cuando hago gimnasia .... mucho.*
3. *Quiero comprobar mi .... en la báscula.*
4. *Después de la gimnasia .... unos gramos.*
5. *En verano me alimento casi sólo .... fruta.*
6. *............................ mi tiempo libre a leer.*
7. *Me gusta llegar ....*

B. Del/de la.

Conteste como en el ejemplo:

*Mi casa tiene jardín: Es el jardín **de la** casa.*

1. *El coche tiene un seguro:* ....
2. *El traje tiene un botón:* ....
3. *En la farmacia hay una báscula:* ....
4. *El banco envía una carta:* ....
5. *El jardín tiene una puerta:* ....

C. Obligación.

Trabajen en parejas.

En el texto aparecen frases que se usan para: 1. expresar obligación; 2. pedir consejo u opinión; 3. dar consejo u opinión; 4. expresar antipatía. Busquen las frases en el texto.

Utilicen expresiones como:

> *tener que* *haber de* *deber*
> *estar obligado a* *no tener otra posibilidad*

Escriban dos diálogos con los siguientes elementos. En el primer diálogo uno de ustedes es **A**; el otro, **B**. En el segundo pueden cambiar.

Diálogo 1

A: Dice que ha recibido una invitación. Una persona **X** le invita a una fiesta.
B: Expresa antipatía por **X**.
A: Dice qué ropa va a llevar a la fiesta. Pide la opinión de **B**.
B: Dice su opinión. Sugiere (aconseja) otra ropa.
A: Expresa antipatía por la ropa que **B** sugiere o aconseja.

Representen la escena ante sus compañeros de clase.

Diálogo 2

Escriban otro diálogo y representen la escena. Pueden cambiar la discusión sobre la ropa por otras cosas. Por ejemplo, el regalo (presente) que A quiere llevar, el amigo o amiga que va a acompañar a **A**, si **A** va a ir en coche, en autobús, en metro, etcétera.

D. Cuente la historia.

Un amigo de Augusto va a la misma fiesta y no comprende por qué Augusto lleva traje oscuro. Augusto le cuenta todo lo que ha pasado. ¿Qué le dice?

E. Escriba las cartas.

El señor Conde ha escrito dos cartas a Augusto: una la ha enviado a la oficina y la otra, a su casa. ¿Qué diferencias hay entre las dos? Escriba usted las dos cartas.

F. Cómo visten los famosos.

Trabajen en grupos.

Elijan en un periódico o revista tres personas famosas que se visten de forma muy diferente.

Explique cómo se visten. ¿Qué llevan?

Digan su opinión sobre las formas de vestir de estas tres personas.

Presenten sus observaciones a sus compañeros.

G. Busque explicaciones.

Trabajen en grupos de 3-4 personas.

Los invitados a la fiesta observan que Augusto lleva traje oscuro y tratan de encontrar una explicación. ¿Qué explicación cree usted que encuentran cuatro de los invitados? Busquen cuatro diferentes explicaciones.

Por ejemplo: una señora dice:

—*Yo creo que aquel señor lleva traje oscuro porque...*

El donativo

—*Niños, ¡venid a comer!* —grita la madre desde la puerta de la cocina, hacia el otro extremo del pasillo, donde ella supone que están sus dos hijos.

La puerta de la entrada de la casa, donde acaba el pasillo, tiene abierta una de las hojas de madera. La madre dice, en el mismo tono:

—*Y cerrad la puerta, que entran moscas. Poned la mesa, por favor.*

Entra uno de los niños, Alfredo. Lleva pantalones cortos azul marino, camiseta de anchas rayas horizontales del mismo color sobre un fondo blanco, y el pelo muy corto, peinado hacia delante.

—*¿Dónde está Roberto?* —pregunta la madre al ver sólo a uno de los hermanos—. *Siempre llega tarde. Dile que la comida se enfría.*

—*Está en su cuarto con el ordenador. Está haciendo los deberes, creo. Ahora viene* —Alfredo entra en la cocina para ayudar a su madre a poner la mesa.

—¿*Dónde está el salvamanteles?* —pregunta el niño—. *No lo veo.*

—*No lo pongas, no hace falta. Pon los platos hondos y llanos.*

—¿*Sopa otra vez?* —protesta Alfredo.

—*No te quejes. Es una sopa de fideos muy buena. Pon los cubiertos. Saca la jarra del agua también.*

Llaman a la puerta. Se oye el timbre, un sonido corto e inseguro. Alfredo deja la fuente con la ensalada sobre la mesa del comedor y corre hacia la entrada. Abre con dificultad la pesada puerta de madera maciza.

—¡*Mamá, un señor que viene a pedir dinero para la Cruz Roja!* —grita desde el fondo del pasillo, antes de llegar a la cocina.

—*Dale doscientas pesetas. Toma* —la madre ha dejado la olla en el aparador del comedor. De debajo del delantal saca un monedero y le da dos monedas al niño. Después, mientras la madre sirve la sopa con un gran cucharón, los niños se sientan y empiezan a comer.

—*No hagáis ruido. ¿No podéis comer como las personas, con la boca cerrada? Y comed despacio.*

Al día siguiente, después de la comida, los niños quitan la mesa. La madre se ha quedado sentada junto a la mesa camilla, con una taza de café y mira distraída la televisión. Suena el timbre y Alfredo entra en el comedor.

—*Mamá, un hombre que viene a pedir dinero* —dice el niño.

—¿*Es el mismo de ayer? ¿Es para la Cruz Roja?* —pregunta ella mientras busca el monedero debajo del delantal. La respuesta determinará la cuantía del donativo [1].

—*No, es otro. Dice que es para los niños de África* —contesta el niño.

—*Toma* —la madre le entrega dos monedas de veinte duros—. *No lo entiendo. Siempre que llega la Fiesta Mayor* [2], *aparece por el pueblo un montón de* [3] *gente que pide dinero.*

Unos días más tarde llaman a la puerta. Como de costumbre, se oye un sonido corto, tímido. Alfredo abre la puerta y corre hacia su madre.

—¡*Mamá, un señor que pide un donativo…!* —grita. No puede acabar la frase. Casi choca con su madre y se sorprende. Ella no está

---

[1] La cantidad de dinero que va a dar.

[2] Fiesta popular, que en algunos pueblos se celebra todos los años.

[3] Mucha; una gran cantidad.

en la cocina como él ha pensado. La madre está a dos pasos de la puerta de la entrada. Mientras busca el monedero en el bolsillo, debajo del delantal, se acerca a la puerta y asoma la cabeza para saludar al hombre.

—¿*Cómo?* —grita sorprendida y furiosa—. *¡Qué sinvergüenzas!* —allí no había ningún hombre. Estaba sólo Roberto, asustado, esperando «el donativo». Tenía todavía la mano levantada junto al timbre. El niño se quedó quieto, de piedra, cuando vio la cabeza de su madre que asomaba por la puerta.

A. ¿Cómo dice?

De estas tres afirmaciones, una es falsa. ¿Cuál?

1. *Esta historia ha ocurrido probablemente en verano, porque hay moscas, y los chicos van con camiseta y pantalón corto.*

2. *Cuando la madre pregunta si el señor es el mismo que ayer, el niño piensa que para un hombre diferente dará más dinero. Por eso dice que es «para los niños de África».*

3. *Todas las veces que los niños llaman a la puerta, la madre está en la cocina, preparando la comida.*

B. Contrarios.

Escriba en las frases (**b**) lo contrario de las palabras destacadas en cada una de las frases (**a**).

1.a. —*Con este aparato, ¿la comida se **calienta**?*
b. —*No, se ....*
2.a. —*¿Es **pronto**?*
b. —*No, es ....*
3.a. —*Esta puerta, ¿se abre con **facilidad**?*
b. —*No, se abre con ....*
4.a. —*¿La película **termina** a las cinco?*
b. —*No, ... a las cinco.*
5.a. —*¿La puerta está **abierta**?*
b. —*No, está ....*
6.a. —*¿Has **puesto** la mesa?*
b. —*No, la he ....*
7.a. —*¿Se **aleja** el coche?*
b. —*No, se ....*

8.a. —¿*Es ésta la* **entrada** *del metro?*

b. —*No, ésta es la* ....

C. Forme frases.

Constrúyalas relacionando los fragmentos de estas dos columnas:

1. *La madre supone*
2. *Dice que la comida*
3. *El niño ayuda a su madre*
4. *El niño abrió*
5. *La madre ha dejado*
6. *La madre sirve*
7. *Se ha quedado sentada*
8. *En las fiestas aparece*
9. *La madre busca*
10. *La madre asoma*

a. *la sopa con el cucharón.*
b. *la cabeza por la puerta.*
c. *se enfría.*
d. *un montón de gente que pide.*
e. *el monedero en el bolsillo.*
f. *la olla en el aparador.*
g. *que los niños están en el pasillo.*
h. *junto a la mesa-camilla.*
i. *a poner la mesa.*
j. *la puerta con dificultad.*

D. Imperativo.

Conteste usando el imperativo, como en el ejemplo. Use el verbo destacado en cada pregunta, en las formas *tú* o *vosotros.* Cuando sea necesario, escriba también el pronombre. (Recuerde que éste se coloca después del imperativo afirmativo —*cerradla*— pero antes del imperativo negativo —*no la cerréis*—).

—¿**Cerramos** *la puerta?* —*Sí, cerradla; no, perdón, no la cerréis.*

1. —¿*Qué le* **digo** *a mamá?* —............................ *que vendré a cenar tarde.*

2. —¿**Pongo** *ahí el dinero?* —*Sí,* .... *No, perdón, no* ....

3. —¿**Saco** *los platos?* —*Sí,* .... *No, mejor, no* ....

4. —¿*Cuánto dinero le* **doy**? —............................ *quinientas pesetas.*

5. —¿**Hacemos** *la comida?* —*Sí,* .... *No, no* .... *aún.*

6. —¿**Comemos** *en la cocina?* —*No, no* .... *en la cocina;* .... *en el comedor.*

7. —¿*A qué hora* **venimos**? —............................ *a las cinco.*

8. —¿**Traigo** *algo de postre?* —*No, no* .... *nada.*

67

E. ¿Cómo se llama?

¿Cómo se llaman los siguientes objetos que se usan con la comida?

1. *Sirve para proteger los manteles:* ....
2. *Aquí se sirve la sopa:* ....
3. *Aquí se sirve la carne, el pescado...:* ....
4. *Son la cuchara, el tenedor y el cuchillo:* ....
5. *Con ella nos servimos el agua:* ....
6. *Aquí ponemos la ensalada:* ....
7. *Aquí hacemos la sopa:* ....
8. *Con él servimos la sopa, de la olla al plato:* ....
9. *La necesitamos para tomar café o té:* ....

F. Cuente qué hacen la madre y los niños.

Estas palabras le pueden ayudar a recordarlo:

La madre   *grita*
                 olla - aparador
                 delantal - monedero - moneda
                 camilla - taza de café - televisión
                 asoma la cabeza - saluda.

Alfredo   *pantalones - camiseta - pelo*
                 poner la mesa
                 fuente - mesa - puerta de madera maciza.

Roberto   *deberes*
                 asustado
                 mano - picaporte
                 quieto - de piedra.

G. Sopa de letras.

¿Es usted capaz de encontrar las nueve soluciones del ejercicio **E** en esta sopa? Tenga en cuenta que una misma letra puede formar parte de varias palabras, y que éstas se escriben al derecho y al revés, en sentido horizontal, oblicuo o vertical.

P	L	A	T	O	H	O	N	D	O	O	Q	Z
B	G	A	S	Ñ	L	H	N	T	O	N	I	V
J	Z	F	H	J	U	L	K	O	R	A	T	V
A	N	P	M	L	L	Q	A	L	W	L	R	X
S	E	L	E	T	N	A	M	A	V	L	A	S
M	I	G	S	A	X	F	T	J	N	O	V	K
C	E	W	R	C	U	B	I	E	R	T	O	S
H	F	R	X	E	Ñ	G	Y	F	G	A	Z	E
D	A	O	N	B	M	Ñ	S	P	H	L	U	Y
J	C	T	P	K	D	B	I	C	E	P	Q	D
F	E	R	C	U	C	H	A	R	O	N	L	C

El desaparecido

María Magdalena oyó desde el jardín que en la calle había gente que hablaba.

—*¿Qué pasa?* —preguntó.

—*Han encontrado en el mar la barca del señor Pascual. Él está muerto, ahogado.*

María Magdalena se puso pálida.

—*Ahora vengo* —dijo, y entró en la casa.

El grupo la estuvo esperando. El señor Pascual era muy amigo de su marido, Ignacio Carvajal. Los dos hombres habían ido a pescar juntos muchas veces.

María Magdalena salió de la casa, se acercó al grupo de personas y dijo que su marido había ido a pescar con el señor Pascual. Fueron corriendo hacia la playa.

—*Buenos días* —le dijo un hombre—. *¿Usted es la señora Pascual, verdad? Soy el inspector Vera, Diego Vera.*

—*No. El señor Pascual vivía solo. Me llamo Magdalena Carvajal. Mi marido salió a pescar anoche con el señor Pascual. ¡Pobre Ignacio! Mire, la mochila de mi marido...*

—*Si, sólo hemos encontrado una mochila. Dentro había un paquete de tabaco. ¿Su marido fuma?*

—*No. Pero... Mire, aquí hay una etiqueta con su nombre: «Ignacio Carvajal»*—. Su voz parecía nerviosa.

—*Hemos encontrado el cuerpo del señor Pascual y la mochila de su marido. A su marido no lo hemos encontrado...*

Pasaron unas semanas. Una noche el inspector Vera llamó a la puerta de la casa de los Carvajal.

—*Pase, pase* —le dijo María Magdalena un poco nerviosa.

—*No quiero molestarla, pero es que tengo que hacerle algunas preguntas, en relación con el accidente aquél... Es que, como nunca se encontró el cuerpo de su marido... Hemos estado mirando sus papeles y hemos visto que tenía una deuda de quince millones. ¿Por qué no nos dijo usted nada?*

—*Es que hizo un mal negocio... Pero ¿qué tiene que ver[1] esto con el accidente? No lo entiendo.*

—*Yo tampoco. Pero..., perdone si la pregunta es un poco indiscreta: ¿Tiene usted algún amigo... íntimo?*

—*No, ¿por qué?*

El inspector se había adentrado un poco en la casa y desde el pasillo miró discretamente hacia la cocina. En una mesa pequeña había dos platos y dos vasos. Le contestó un poco distraído, hablando muy despacio:

—*No, es que alguien ha visto, por la noche, a un hombre que paseaba con un perro como el suyo. Y aquí en el pueblo no hay muchos... ¿Me permite?* —el inspector señaló con el dedo el piso de arriba de la casa y empezó a subir por las escaleras.

---

[1] ¿Qué relación tiene?

—*No faltaba más. Pero la policía ya ha estado aquí una vez y ha mirado toda la casa* —dijo María Magdalena. Hablaba nerviosa, en voz alta. Casi gritaba.

Ya estaban en el piso de arriba. Había una gran sala rodeada de librerías. El inspector Vera gritó:

—*¡¡Fuego!! ¡¡¡Fueeegoooo!!! ¡¡¡Hay fuego en la casa!!!*

Una de las librerías se movió. Se abrió como una puerta. Era una puerta secreta. Detrás apareció, pálido, Ignacio Carvajal.

En la comisaría, después, Carvajal confesó la verdad: Tenía problemas económicos. Tenía un buen seguro y había pensado cobrar el dinero por su «muerte». Podía aprovechar la habitación secreta que había en su casa. Pensaba esconderse un tiempo. Luego podrían irse a vivir a Paraguay, donde vivía un hermano suyo. Primero habían pensado simular un accidente con el coche. Pero cuando ella oyó que el señor Pascual había muerto, cambiaron de idea. El señor Pascual iba siempre a pescar por la noche y no hablaba nunca con nadie. Además, precisamente hacía unos días, había perdido su mochila e Ignacio le había dejado la suya. No podía fallar....

—*Pero falló, querido amigo* —le dijo el inspector Vera—. *Yo empecé a sospechar de su esposa cuando ella llegó a la playa. Nosotros todavía estábamos buscándole a usted en el mar. No habíamos perdido la esperanza. Pero ella, en cambio, ya «sabía» que usted «estaba muerto».*

A. Conteste a estas preguntas:

1. *¿Por qué tenía que salir de casa María Magdalena?*
2. *¿Por qué cree usted que María Magdalena no bajó a la calle enseguida? ¿Qué hizo en su casa?*
3. *¿Por que no encontraron el cuerpo del señor Carvajal en el mar?*
4. *¿Por qué estaba nerviosa María Magdalena cuando el inspector llegó a su casa?*
5. *¿Por qué tenía una deuda el señor Carvajal?*
6. *¿Por qué le preguntó el inspector a María Magdalena si ella tenía un amigo?*
7. *¿Por qué había dos platos y dos vasos en la mesa de la cocina?*
8. *¿Por qué gritó fuego el inspector?*
9. *¿Por qué había dicho la señora que su marido había muerto?*

B. Forme expresiones.

Combine palabras de las dos columnas, de forma que la combinación tenga sentido:

1.	*morir*	a.	*las escaleras*
2.	*señalar*	b.	*secreta*
3.	*pregunta*	c.	*la verdad*
4.	*amigo*	d.	*indiscreta*
5.	*puerta*	e.	*un accidente*
6.	*confesar*	f.	*la esperanza*
7.	*subir*	g.	*íntimo*
8.	*problemas*	h.	*con el dedo*
9.	*simular*	i.	*de idea*
10.	*cambiar*	j.	*ahogado*
11.	*perder*	k.	*económicos*

C. ¿Pretérito indefinido o imperfecto?

Complete las frases con los verbos que faltan, en pretérito indefinido o imperfecto. Puede elegir entre los del recuadro.

estar	*poner*	*morir*	*ver*	*hacer*	*oír*	*decir*

1. —¿Está vivo el señor? —No, ha .... *ahogado.*

2. —¿Cómo reaccionó ella? —Se .... *pálida.*

3. —¿Subió el grupo a la casa? —No, ... *esperando a María.*

4. —Y el tiempo, ¿qué tal? —Malo. .... *viento.*

5. —¿Tiene algo que decir? —preguntó el inspector. Ella contestó: No, ya lo he .... todo. Y él dijo: Es que hemos .... en los papeles que su marido tenía una deuda.

6. —Es verdad —dijo ella—, mi marido .... un mal negocio. Por eso —dijo más tarde el marido— cuando mi mujer .... que el señor Pascual había muerto, pensamos estafar a la compañía de seguros.

D. Pregunte.

Haga las preguntas que corresponden a estas respuestas. Use la forma *usted*.

1. —¿...............................?
   —*No, yo no sé nada del señor Pascual.*

2. —¿...............................?
   —*No, no hay ninguna etiqueta en la mochila.*

3. —¿...............................?
   —*No, no he visto a nadie en la playa.*

4. —¿...............................?
   —*No, ninguno de mis hermanos ha ido a pescar.*

5. —¿...............................?
   —*No, con el inspector no ha hablado nadie.*

6. —¿...............................?
   —*Sí, tengo un seguro de vida y otro de incendios.*

E. Cuente la historia.

Estas palabras le pueden ayudar a recordarla:

— *Jardín.*
— *Personas que hablan.*
— *En la playa con el señor Vera. La mochila.*
— *El señor Vera en casa de los Carvajal.*
— *Una deuda de quince millones.*
— *Amigo íntimo. Dos platos.*
— *Ella tardó en bajar a la calle.*
— *¡Fuego!*
— *Confesión de Carvajal.*

F. Periodismo.

Escriba una breve noticia, para un periódico del pueblo, sobre lo sucedido.

G. Entrevista.

Trabajen en grupos de dos. Uno de ustedes es periodista y la otra persona, uno de estos personajes: el inspector Vera, María Magdalena, Ignacio Carvajal.

Hagan una entrevista para el periódico.

H. Representen la escena.

Trabajen en grupos de dos. Escriban el diálogo entre María Magdalena y su marido. Ella está en el jardín. Oye que el señor Pascual ha muerto, entra en la casa y allí habla con su marido. ¿Qué dicen? Representen la escena en la clase.

El verano se estaba acabando. Muchos veraneantes ya se habían marchado del pueblo.

—*Nosotros pensamos irnos a Madrid mañana por la tarde* —dijo Juan, el más joven de los dos hombres que estaban tomando un refresco en la terraza del bar de la plaza.

—*Nosotros también nos vamos* —dijo Roberto, el otro hombre—. *Tenemos que empezar a trabajar.*

—*Señoritos* —les dijo una mujer que vendía lotería—. *¿Quieren un número? Llevo el número de la suerte. Sólo me queda uno.*

—*¿Ah, sí? ¿Cuál es?* —preguntó Juan, irónico.

—*¡El 365! El mismo número que días tiene el año, señoritos* —dijo ella.

—*Dénos el número, pues* —dijo Juan—. *Lo compartiremos.*

—*Muy bien* —dijo Roberto mientras pagaba la mitad de lo que costaba el número.

Juan sacó un sobre del bolsillo para meter el billete. Estuvieron un largo rato discutiendo sobre quién se iba a quedar con el número para guardarlo. El sobre pasó de una mano a otra varias veces. Los amigos pagaron la consumición y se despidieron.

Unos días más tarde, ya en Madrid, al mirar las noticias en la televisión, Juan vio que les había tocado el premio gordo[1]. No se lo podía creer. ¡El número 365! ¡Les habían tocado 40 millones de pesetas! Recordaba que, con las prisas, se había dejado el sobre con el billete en el pueblo. Pero el número era fácil de recordar.

Durante un rato estuvo imaginando lo que podría hacer con el dinero. Iba a comprase un nuevo coche, se compraría una casa adosada en las afueras de Madrid… En pocos minutos los 40 millones ya eran insuficientes para pagar todo lo que él quería.

De pronto se acordó de que tenía que compartir el premio con su amigo Roberto. No le parecía justo que si él había tenido la idea y si era quien tenía el billete, tuviera que compartirlo. Tendría que inventar una excusa. Le diría…, ¿qué le diría?… Le diría que le habían robado el número.

Al día siguiente Roberto le había dejado un mensaje en el contestador: *Pásate por mi casa esta tarde. Tengo una buena noticia.* Esto quería decir que ya sabía que les había tocado el premio. Por la tarde Juan fue a ver a Roberto. Estaba muy nervioso. No sabía cómo decírselo. Llamó a la puerta. Cuando Roberto la abrió, le empezó a hablar del número de lotería.

—*Ha sido horrible, chico…* —empezó Juan.

—*¿Pero qué ha pasado, hombre?* —Roberto le miraba sorprendido. Juan hablaba muy nervioso.

—*Llevo dos días sin dormir. Tengo que darte una mala noticia* —continuó Juan—. *Yo tenía el número de lotería guardado en el coche, dentro de la guía de carreteras. El otro día me abrieron el coche y me robaron todo. Se llevaron también la guía con el número de lotería. Lo peor es que nos había tocado un premio. No ha sido culpa mía.*

---

[1] El primer premio; el más importante.

—*Hombre, no te preocupes* —dijo Roberto—. *Quizás el número no estaba allí en el sobre.*

—*Por desgracia* —le dijo— *estoy muy seguro, porque el billete me servía de señal en la guía de carreteras. Así que seguro que estaba allí, y seguro que ya no está. Me lo han robado, chico.*

—*Pues debe de haber habido un milagro, querido Juan. Resulta que cuando nos despedimos en la terraza del bar, hubo algún error y tú te llevaste un sobre vacío, pensando que dentro estaba el billete, pero me lo llevé yo. Y de esto estoy muy seguro, porque ya he ido a cobrarlo y tengo los cuarenta millones en el banco. ¿Qué me dices ahora?*

A. ¿Ser o estar?

Complete las frases con formas adecuadas de los verbos *ser* o *estar*, en presente de indicativo.

El pueblo ....(1).......... *pequeño.* ....(2).......... *cerca de Madrid.*

La terraza ....(3).......... *grande y* ....(4).......... *llena de mesas.*

Roberto ....(5).......... *muy nervioso porque hace calor y tiene sed, pero no puede beber el refresco porque* ....(6).......... *caliente.*

Juan ....(7).......... *un hombre tranquilo. Hoy ha dormido poco y* ....(8).......... *cansado.*

«El sobre ....(9).......... *vacío», dice Roberto.*

«¿Te han robado?», pregunta Juan. «..........(10).......... *una mala noticia».*

Juan ....(11).......... *sorprendido. «*..........(12).......... *culpa tuya», dice.*

B. Crucigrama.

Persona que pasa sus vacaciones
de verano en un pueblo.

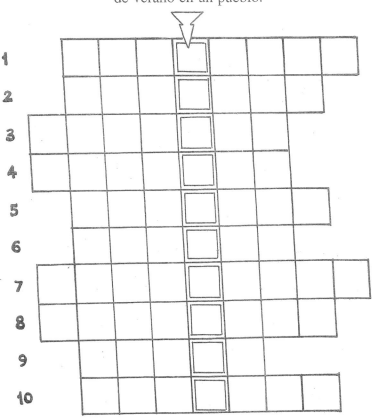

1. *Roberto no está tranquilo; está muy* ....
2. *Una mujer que vendía* ....
3. *El más joven de los dos* ....
4. *Tomando un refresco en la* .... *del bar.*
5. *¿Cuál es? —preguntó Juan,* ....
6. *¡El mismo* .... *que días tiene el año!*
7. *Los dos iban a* .... *el número.*
8. *Tendría que* .... *una excusa.*
9. *No le parecía* .... *tener que compartirlo.*
10. *Se compraría una casa en las* .... *de Madrid.*

C. ¿Piensa irse?

Complete las frases con formas adecuadas de los verbos *pensar* e *ir*, y con los pronombres correspondientes.

EVA: *Nosotros **pensamos ir(nos)** a Madrid mañana, ¿y tú?, ¿cuándo*
        (1)   (2)
        ....?

JUAN: *Yo* ....(3) ....(4) *el martes.*
EVA: *¿Y tus hermanos?*

JUAN: *Ellos* ....(5) ....(6) *dentro de tres días.*

EVA: *Y vosotros, ¿cuándo* ....(7) ....(8)?

JUAN: ....(9) ....(10) *también mañana.*

D. Quedar.

Complete estas frases con la forma adecuada del verbo *quedar* y el pronombre correspondiente.

1. *Juan se fue a la playa y* .... *allí una semana.*
2. *—¿Cuántos días de vacaciones* ...., *Roberto?*
   —A mí sólo .... *tres.*
3. *—¿Tiene usted muchos números?*
   —Ya sólo .... *uno.*
4. *Estuvieron discutiendo sobre quién iba a* .... *con el número.*
5. *Luis* .... *ayer todo el día sentado delante de la televisión.*

E. Continúe.

Lea este texto y luego continúe la frase de abajo:

*Juan piensa: Con el dinero me **compro** un coche, **vendo** el piso, **compro** una casa adosada, me **voy** de vacaciones, **puedo** ir a Cuba, **pongo** en casa una antena parabólica, me **baño** en la playa los domingos y **salgo** a divertirme todas las noches.*

*Juan pensó que con el dinero **se compraría** un coche...*

F. ¿Cuándo?

Complete las frases con estas expresiones de tiempo:

```
a mediados      esta tarde      al día siguiente
  faltan    el otro día    próximo    dentro de
  llevo       unos días más tarde       hace
```

1. *Iré a Madrid pasado mañana; es decir* .... *de dos días.*
2. *Yo iré el día 24. Hoy es 10, así que* .... *sólo dos semanas.*
3. *Fue al pueblo el día 4 y,* ...., *el 6 o el 7, llegó ella.*
4. *Mis vacaciones empiezan* .... *de mes, sobre el 14 o 15.*
5. *No puedo ir a verte hoy. Iré el* .... *jueves.*
6. *Compré lotería el miércoles y* ...., *es decir, el jueves, me tocó.*
7. *Ahora no puedo ir al parque, pero sí después de comer. ¿Vamos* .... *a las 4?*
8. *Estoy sin coche; me lo robaron* ....
9. *Estoy muy cansada:* .... *dos días sin dormir.*
10. *Con María estuve hablando* .... *pocos días.*

G. Continúe la historia.

¿Cómo cree usted que acabaron las relaciones entre los dos amigos? Escriba la continuación.

—*¡Ladrones, ladrones!*

La mujer corría con dificultad y cada vez se distanciaba más del hombre al que perseguía. Al doblar la esquina, el hombre desapareció. Le había robado una gran cesta de Navidad [1] y una bonita manta de color rosa. Era un hombre alto, de piel negra. Llevaba un gran turbante blanco. ¡Un sinvergüenza! Eso es lo que era. La mujer —mientras se lo contaba al guardia— lo describía haciendo gestos con las manos. Desde que habían llegado los inmigrantes, en el barrio había muchos problemas.

El policía tenía la mirada fija en la pantalla del ordenador. Sólo cuando la mujer habló de los inmigrantes en tono despectivo, el guardia levantó la vista.

—*Oiga, señora* —le dijo. Se puso serio—. *Ponga la denuncia y no haga comentarios racistas. Continúe...*

En ese mismo instante y en otro lugar, Tomasito estaba viendo en la televisión la llegada de los Reyes Magos [2].

—*Mira, papá, los Reyes Magos ya han llegado a España.*

—*Pero, Tomasito, que ya tienes ocho años y deberías saberlo.*

—*¿Saber el qué?* —preguntó el niño.

—*Pues que los Reyes Magos no existen.*

—*Pero, papá...*

—*Sí, hijo, es una cosa que se han inventado los comerciantes para vender más.*

A Tomasito le dolía lo que le decía su padre. Le dijo:

—*Pues el abuelo dice que sí que existen. Dice que van en camello porque son de Oriente.*

—*El abuelo no sabe lo que dice. Por cierto, no te olvides de llevarle la ropa limpia que ha lavado tu madre. Si quieres, se la puedes llevar ahora, antes de que anochezca.*

—*Claro, papá.*

Tomasito cogió la bolsa con la ropa y se la llevó al abuelo. Estuvieron hablando un buen rato y cuando Tomasito se despidió del viejo ya había anochecido. Había nevado.

---

[1] Cesta que se regala en Navidad, con botellas de licor, dulces, frutas y otros alimentos.

[2] En España, los tres Reyes Magos (Melchor, Gaspar y Baltasar) llevan regalos a los niños la noche del 5 de enero.

El niño caminó un rato. Oyó unos ladridos a su espalda. Se dio la vuelta y vio a un enorme perro lobo. El perro ladraba con furia y el niño corrió desesperado. Tropezó con una piedra y cayó en un hoyo. El perro se quedó arriba, en el borde del hoyo, y seguía ladrando furioso. Tomasito, en el hoyo, tenía frío y miedo. Se echó a llorar.

Al cabo de un buen rato oyó la voz de un hombre que le hablaba al perro.

—¿*Por qué ladras? ¿Qué pasa?* —decía la voz. El perro dejó de ladrar.

—¡*Socorro, socorro!* —gritó Tomasito.

La silueta de un hombre apareció al borde del hoyo.

El hombre ayudó al niño a salir de allí. Era un hombre alto. Tenía la piel de color negro oscuro. Sobre la cabeza llevaba algo que parecía una enorme corona de color blanco, que brillaba a la luz de la luna. Le cubría el cuerpo un hermoso manto de color rosa. El hombre se quitó el manto y con él envolvió a Tomasito, que le miraba maravillado, con la boca abierta.

—*No tengas miedo, guapo* —le dijo con una voz extraña, de una persona que viene de un país lejano—. *Sólo quiero ayudarte. Mira, traigo unos regalos.*

Tomasito le miraba feliz. Sintió un agradable calor, como si estuviera en un mundo irreal. El hombre negro sacó comida de una gran cesta y comieron unos dulces.

Al cabo de un rato se levantaron. El hombre le cogió de la mano y acompañó al niño hacia la casa de sus padres.

—*Mira* —le dijo cuando llegaron—, *allí al fondo tienes tu casa. Corre, ve. Tus padres te están esperando.*

Se despidieron. Tomasito entró en su casa y le contó a su padre lo que había ocurrido. Al final le dijo:

—*¿Lo ves, papá, cómo los Reyes existen? Yo mismo he estado con Baltasar, el rey negro.*

—*Es verdad, hijo. Yo he sido un estúpido por no haber creído en los Reyes, ¡claro que existen!*

A. Subjuntivos.

Complete las frases de aquí abajo con la forma adecuada del verbo indicado entre paréntesis. Elija entre el presente de indicativo o el de subjuntivo (en algunos casos se trata de imperativos).

1. *Señora, por favor, hable menos y* .... *la denuncia* (poner).
2. *Espero que los Reyes Magos me* .... *muchos regalos* (traer).
3. *Vas a tener tus regalos cuando* .... *los Reyes Magos* (venir).
4. *Un niño moderno como tú debe saber que los Reyes no* .... (existir).
5. *El abuelo dice que los Reyes* .... *en Oriente. Yo dudo que* .... *allí* (vivir).
6. *No te* .... *de llevarle la ropa al abuelo* (olvidar).
7. *Si quieres, le puedes llevar la ropa antes de que* .... (anochecer).
8. *¡No* .... *miedo, chico!* (tener).

84

B. Forme frases.

Forme frases combinando las dos columnas.

1. El hombre era alto, y	a. en camello.
2. El policía miraba la pantalla	b. del ordenador.
3. La mujer habló de los inmigrantes	c. lo que había ocurrido.
4. Los Reyes Magos van	d. dejó de ladrar.
5. El abuelo no sabe lo	e. que dice.
6. La ropa la había lavado	f. más bien delgado.
7. El niño oyó unos ladridos a	g. en tono despectivo.
8. El niño	h. se echó a llorar.
9. El perro	i. su espalda.
10. El niño le contó a su padre	j. su madre.

C. ¿Pretérito indefinido o imperfecto?

Complete las frases con la forma adecuada del verbo que está entre paréntesis. Elija entre el pretérito imperfecto y el indefinido.

Yo lo veía todo desde el balcón: La mujer (correr) .... (1) .... y cada vez (distanciarse) .... (2) .... más del hombre al que (perseguir) .... (3) .... De pronto, el hombre (desaparecer) .... (4) ....

La mujer (ir) .... (5) .... a la comisaría y allí (hablar) .... (6) .... con un policía. Le dijo: Mire usted, yo (estar) .... (7) .... en mi tienda, cuando (entrar) .... (8) .... un hombre de color, me (amenazar) .... (9) .... con una pistola muy grande, (coger) .... (10) .... una manta y una cesta, y (salir) .... (11) .... corriendo. (Ser) .... (12) .... un hombre alto y (llevar) .... (13) .... un turbante.

La mujer (hablar) .... (14) .... nerviosa y (hacer) .... (15) .... gestos con las manos. Mientras ella (hablar) .... (16) .... el guardia (escribir) .... (17) .... la denuncia. El policía (levantar) .... (18) .... la vista cuando ella (decir)

.... (19) .... *algo despectivo sobre los inmigrantes, y* (ponerse) .... (20) .... *muy serio. Fuera de la comisaría* (nevar)
.... (21) .... *y por la calle, la gente* (caminar) .... (22)
.... *deprisa, porque hacía mucho frío.*

D. Contrarios.

Busque en el texto palabras cuyo significado sea el contrario (antónimos) del que tienen éstas:

1. *desgraciado*
2. *llevo*
3. *cercano*
4. *feo*
5. *cerrada*
6. *se puso*
7. *pequeña*

8. *bajo*
9. *susurró*
10. *se puso a*
11. *frío*
12. *tranquilo*
13. *arriba*

14. *frente a él*
15. *joven*
16. *después de*
17. *sucia*
18. *comprar*
19. *menos*
20. *bajó*

E. Sustantivos.

Cada uno de estos verbos tiene un sustantivo, relacionado con él, que aparece en la historia de Tomasito. ¿Sabe usted cuáles son?

1. *distanciarse* : *distancia*
2. *colorear* : ....
3. *guardar* : ....
4. *gesticular* : ....
5. *inmigrar* : ....
6. *mirar* : ....
7. *ordenar* : ....
8. *ver* : ....
9. *denunciar* : ....
10. *llegar* : ....

F. Cuente la historia.

Unos días más tarde el joven negro cuenta a unos amigos lo que le ha ocurrido. ¿Qué dice? Cuéntelo usted.

La aventura de viajar

Para un viajero como yo, acostumbrado a evitar riesgos innecesarios, no siempre es fácil salir de viaje. El sueño de unas vacaciones fuera de la capital de España se derrumba cuando pienso en los peligros que tiene viajar en coche, en tren o en avión.

Piense usted, por ejemplo, en el avión. Ha tenido fama de ser la forma menos segura de viajar. Por lo menos, es lo que yo he creído hasta ahora. Pues no. Según modernos cálculos de riesgo hechos en la Universidad Complutense de Madrid, ya no es el medio de transporte más peligroso. Los investigadores afirman que un viajero corre mayor riesgo de tener un accidente durante el viaje en coche al aeropuerto, que en el mismo vuelo.

Después de esto, ya sólo me queda la alternativa de ir a pie a Barajas. Pero, si además estoy convencido de que en el fondo es imposible que el ser humano pueda volar, me veo obligado a eliminar no sólo el viaje en avión, sino también el paseo al aeropuerto.

Me queda, pues, la alternativa de buscar atracciones turísticas un poco más cerca de la capital. Por suerte, Madrid está rodeado de lugares muy interesantes. Se pueden hacer excursiones en autobús —a muy buen precio, además— a la Sierra. Allí se puede disfrutar de unas vistas extraordinarias, según me han dicho. No puedo olvidar, sin embargo, que ha habido terribles accidentes a causa de las curvas, que son especialmente peligrosas. Mejor es buscar otra alternativa menos arriesgada.

Bien mirado, no hace falta salir de la ciudad. Pocas ciudades del mundo ofrecen tantos atractivos como Madrid. La verdad es que hay pocas plazas que se puedan comparar a la Plaza Mayor, o paseos tan agradables como Recoletos. Para pasar unas buenas vacaciones no me hace falta ir tan lejos. En mi barrio tengo de todo. ¿Por qué pasar noches de insomnio pensando en un viaje a Machu Picchu[1], si tengo a dos pasos de mi casa la Puerta del Sol? ¿Por qué ir a Praga, si aquí puedo pasear sin problemas por la Gran Vía y puedo mirar escaparates con la última moda de todos los rincones del mundo?

Alguna vez ha ocurrido que, influido por la publicidad de la televisión, he proyectado un viaje. Pero me he arrepentido en seguida, cuando un compañero del trabajo me ha contado los peligros que ha vivido en su último viaje a Mallorca o a la Costa del Sol. Lo de siempre: conductores de autobús medio dormidos que pasan por carreteras llenas de peligrosas curvas, gamberros que se emborrachan los fines de semana y que destrozan todo con bates de béisbol, tormentas que se llevan los coches al mar…

Este verano, de todas formas, estoy decidido a arriesgarme un poco.

Si no hay complicaciones, pienso hacer una excursión en barca por el estanque de El Retiro. Me llevaré la mochila con bocadillos, agua mineral, unas aspirinas y el botiquín y, naturalmente, por si las moscas, el salvavidas que me compré cuando estuve allí la primera vez.

---

[1] Famoso lugar en los Andes de Perú.

A. Sustantivos.

¿Cuáles son los sustantivos relacionados con estos verbos? Póngales delante el correspondiente artículo determinado.

· 1. *arriesgarse:* ....
  2. *volar:* ....
  3. *viajar:* ....
  4. *pasear:* ....
  5. *ver:* ....

  6. *salir:* ....
  7. *comparar:* ....
  8. *conducir:* ....
  9. *trabajar:* ....
 10. *complicar:* ....

B. ¡No tanto!

Complete estas frases con: *tan, tanto, tantas, tantos.*

1. *El coche no es .... seguro como el avión.*
2. *Pocas ciudades ofrecen .... atractivos como Madrid.*
3. *No hay muchos paseos .... agradables como Recoletos.*
4. *Yo no viajo .... como tú.*
5. *No necesitamos .... explicaciones.*
6. *¿.................. peligroso es el autobús?*
7. *¿Para esto he trabajado yo ....?*
8. *He ido .... veces, que ya lo conozco de memoria.*

C. Ventajas e inconvenientes.

Trabajen en grupos de tres o cuatro personas. Escriban una lista con las ventajas y los inconvenientes de los viajes en coche, tren, avión, barco y bicicleta. Comparen después con el resto de los grupos. ¿Opinan lo mismo?

D. Unos días de vacaciones.

Trabajen en grupos de tres o cuatro personas. Ustedes tienen tres días de vacaciones y se quedan en su ciudad (o en otra ciudad que conocen). ¿Qué cosas les gustaría hacer?

E. Forme frases completas combinando las tres columnas.

a. *Estoy*
b. *No pienses*
c. *El avión*
d. *Los investigadores*
e. *No me queda*
f. *En el fondo*
g. *En la Sierra se puede*
h. *A causa*
i. *He comprado*
j. *Si no hay complicaciones*

1. *es imposible*
2. *afirman*
3. *en los peligros*
4. *de las curvas*
5. *acostumbrado*
6. *esta mochila*
7. *otra alternativa*
8. *tiene fama*
9. *pienso*
10. *disfrutar*

a. *que el avión no es peligroso.*
b. *hay muchos accidentes.*
c. *que ir a pie.*
d. *irme a Perú mañana.*
e. *vivir sin riesgos.*
f. *influido por la publicidad.*
g. *a evitar riesgos.*
h. *de vistas extraordinarias.*
i. *de ser seguro.*
j. *que tiene viajar en avión.*

F. Cuente un viaje.

Cuente un viaje que usted ha hecho. ¿Qué ha visto? ¿Qué es lo que más le ha gustado?

G. Una excursión en autobús.

Usted es guía de una agencia de viajes. Va a mostrar la ciudad (y, si quiere, sus alrededores) a un grupo de turistas que viajan en autobús. Piense primero por dónde va a pasar el autobús y luego qué cosas van a ver.

Puede empezar así: *Ahora estamos pasando por la calle xxx, la más importante de la ciudad. A nuestra derecha podemos ver..., al fondo está...*

H. Una ciudad del mundo hispánico.

Trabajen en parejas, con una enciclopedia o con Internet. Busquen información sobre una ciudad del mundo hispánico. Dibujen un plano con algunas de las calles y monumentos más importantes. Preparen una visita a esta ciudad durante dos días. Piensen que necesitan también un hotel y restaurantes. Presenten sus planes al resto de la clase.

90

La máquina de fabricar botones...

—*Mamá. Ha llegado un fax por el microondas* —dice Ana, la hija.

—*No, no es un fax, Ana. Es una carta del banco que yo acabo de poner allí* —dice la madre.

En esta casa pueden pasar cosas así. Es posible que llegue un fax por el microondas.

—*Por cierto, dentro de dos horas llegan los hombre de Bilbao con la máquina de tío José. ¿Qué haremos?* —pregunta Roberto, el padre.

—*No sé. Es una máquina muy grande y aquí no va a caber* —dice la madre.

—*Podemos llevarla a la casa de campo* —dice Ana—. *Allí hay mucho espacio. Cuando llegue el camión yo iré con ellos al campo.*

La familia Gallo vive en Sevilla. Han heredado una máquina para fabricar botones, de un pariente que vivía en Bilbao y que murió hace unas semanas.

Roberto había visto la máquina una vez, hace muchos años, cuando visitó a su tío en Bilbao. Ahora no tiene interés en dedicarse a fabricar botones. Quizás podrá vender la máquina o si no, podrá aprovechar algunas piezas y, desde luego, el motor, que funciona con gasolina.

A él y a su hija Ana les encanta la mecánica. Se pasan el día montando y desmontando máquinas. Compran lavadoras, máquinas de fregar platos e incluso ordenadores de segunda mano, los arreglan y luego los venden. A veces resultan máquinas de formas muy extrañas porque con dos máquinas viejas que no funcionan, pueden hacer una que funciona. O con una máquina de lavar ropa y una nevera pueden hacer una máquina de lavar platos, aunque no es seguro que funcione. Es igual, porque para ellos es un «hobby».

Al día siguiente Ana va a la casa de campo. Llega el camión, descarga el contenedor con las piezas y Ana empieza a montar la máquina. Se pone nerviosa porque no encuentra el libro de instrucciones. Hay solamente algunos dibujos incompletos y algunas instrucciones sueltas: «Conecte el enchufe», «Introduzca la tarjeta verde en la ranura», «Pulse el interruptor», «Pulse el botón marcado con la letra A», «Tire de la palanca hacia abajo»…

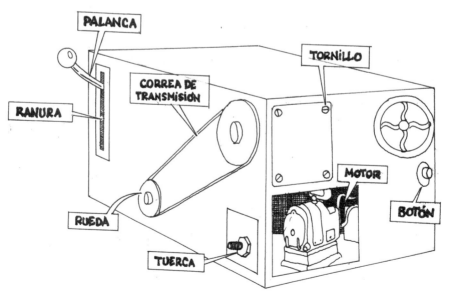

Ana es enérgica e impaciente. No puede esperar y monta la máquina. Llama varias veces a su padre por teléfono para consultar algunos detalles.

Dos días más tarde, el domingo después de comer, Roberto va a la casa de campo. Cuando llega, Ana está acabando el trabajo con la máquina. Está sudando y va llena de grasa por todo el cuerpo.

—¿Qué, cómo va el trabajo? ¿La has podido montar? —pregunta él.

—Sí, pero me ha costado mucho. He tardado casi dos días. Al final la he montado, pero me han sobrado muchas piezas.

Roberto se acerca a la máquina.

—Pero, ¿qué has hecho? ¡Esto no es una máquina de fabricar botones! ¡Has montado un coche!

En efecto, era un coche. Un poco extraño, pero un coche. Y funcionaba. Roberto y Ana nunca supieron si el tío José les había gastado una broma o si Ana, de verdad, había hecho un coche con una máquina de fabricar botones.

A. Complete las frases.

Complete las frases utilizando, entre otras palabras que faltan, las expresiones siguientes en su forma adecuada:

tardar	acabar de	al día siguiente
después de	dentro de	hace

1. *El camión salió el día 14 y llegó el 15.*
   Llegó ....

2. *Hoy es el día 14. El camión llegó el 12.*
   Llegó ....

3. *Estamos a 7 y yo llegaré el 9.*
   Llegaré ....

4. *He llegado hace dos minutos.*
   ....

5. *Primero, comemos y luego salimos.*
   Saldremos .... *comer.*

6. *Para montar la máquina he trabajado todo el fin de semana.*
   .... *exactamente 16 horas.*

B. Imperativo.

Dé usted instrucciones como en el ejemplo:

—¿*Qué tengo que hacer?*, ¿*enviar el fax?*
—*Sí,* **envíe** *el fax.*

1. —... *vender la máquina?* — ....
2. —... *arreglar el ordenador?* — ....
3. —... *conectar el enchufe?* — ....
4. —... *introducir la tarjeta?* — ....
5. —... *hacer el café?* — ....
6. —... *traer los libros?* — ....
7. —... *cerrar la puerta?* — ....
8. —... *poner el tornillo?* — ....

C. ¿Indicativo o subjuntivo?

Complete estas frases con la forma adecuada —en presente de indicativo o subjuntivo— de los verbos que están entre paréntesis:

1. *Han dicho que el fax* (llegar) .... *a las tres.*
2. *Es posible que tu carta* (llegar) .... *hoy.*
3. *Es necesario que el paquete* (llegar) .... *pronto.*
4. *Todos los día, cuando* (llegar) .... *el autobús, él está aquí.*
5. *Los lunes, cuando Luis* (llegar) .... *a casa, toma un café.*
6. *Esta tarde, cuando* (llegar) .... *el camión, iré con él, al campo.*
7. *Es seguro que la máquina* (funcionar) .... *bien.*
8. *No es probable que este motor* (ser) .... *bueno.*
9. *El padre dice que su hija* (poner) .... *la máquina en el garaje.*
10. *El padre dice a su hija que* (poner) .... *la máquina en el camión.*

D. Inventen una máquina.

Trabajen en grupos de dos o tres personas. Inventen una máquina. Hagan un dibujo; escriban las instrucciones.
¿Cómo se llama? ¿Para qué sirve? ¿Cómo se monta? ¿Cómo funciona?

E. Máquinas.

¿Qué máquina o aparato sirve para…

1. … *enviar una carta a otra persona?*
2. … *calentar la comida?*
3. … *lavar la ropa?*
4. … *tratar datos, cifras o textos?*
5. … *conservar frescos los alimentos?*
6. … *lavar los platos?*
7. … *hablar con alguien que está lejos?*
8. … *planchar la ropa?*
9. … *quitar el polvo del suelo?*
10. … *subir de un piso a otro?*
11. … *conservar los alimentos a menos de 0° C?*
12. … *hacer una foto a los amigos?*

F. Sopa de letras.

¿Es usted capaz de encontrar las doce soluciones del ejercicio **D** en esta sopa?

Tenga en cuenta que una misma letra puede formar parte de varias palabras, y que éstas se escriben al derecho y al revés, en sentido horizontal, oblicuo o vertical.

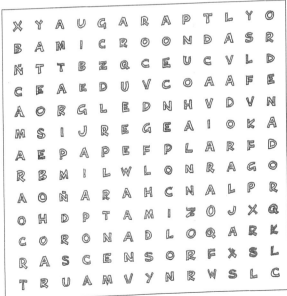

El Gran Café está en un precioso edificio de principios de siglo, en la Plaza Mayor.

Parece que Carlos Pinazo, un viejecito de ojos vivos, lo ha estudiado todo muy bien. Después de comer, antes de la siesta, se sienta en uno de los sillones del café y hojea el *ABC*, como ha hecho siempre desde que llegó de América con su padre, hace exactamente cuarenta y cinco años. Parece que elige aquel sitio porque los forasteros que entran en el Gran Café por vez primera, después de dar unos pasos indecisos, acaban sentándose a su lado. Cuando esto ocurre, todos

saben que Carlos Pinazo está contento y que empezará a contar la historia de su tío abuelo [1], que fue enviado como misionero a la selva paraguaya, en 1876, para cristianizar a una tribu indígena.

---

[1] El hermano de su abuelo.

Aquel mediodía se sentó a su lado una joven estudiante. Pocos minutos después, el viejecito ya le estaba contando a la forastera la historia de su tío abuelo, acompañando sus palabras de rápidos gestos.

Su tío abuelo estuvo con los indios *payaguá*, una tribu del pueblo *guaicurú*, que vivía de la pesca a orillas del río Paraguay. Al anochecer, los jóvenes salían a pescar en pequeñas canoas y los viejos se quedaban a orillas del río. Se desnudaban, se pintaban el cuerpo con extraños colores, se colocaban horribles máscaras y adoraban a la luna. Parecían demonios. *A pesar de esto* —el viejecito hablaba con entusiasmo, como si contara la historia por primera vez— *aquellos indios eran pacíficos. Mi tío abuelo les enseñó algunas oraciones cristianas. Al año siguiente estaba todo ya preparado para el bautismo, pero entonces ocurrió aquello...*

La forastera seguía con atención las palabras del viejecito.

Una noche —continuó— *mi tío abuelo salió con los jóvenes en una canoa. Mientras la barca se alejaba, él podía ver, a la luz de la luna, los diabólicos ritos que los viejos realizaban en la playa. Parecían fantasmas del infierno. De pronto empezó una gran tempestad. El viento levantó olas enormes. La canoa de mi abuelo se llenó de agua y empezó a hundirse. Él rezó, gritó y pidió auxilio. Comprendió que su final había llegado. Con todo el cuerpo debajo del agua, luchaba desesperadamente para levantar la cabeza. De repente, vio algo que le pareció sorprendente. No se lo podía creer. Un grupo de aquellos indios se acercaba hacia él ¡caminando por encima del agua! ¿Estaría soñando? ¡No! ¡Era verdad! Los viejos indios caminaban descalzos por encima del agua con la misma naturalidad con la que él mismo había caminado sobre la tierra. ¡Y no se hundían! ¡Sabían hacer milagros! Se le acercaron, lo agarraron de los brazos y lo arrastraron hacia la playa.*

De esta forma mi tío abuelo salvó su vida. Siguió viviendo con aquellos indios. No quiso bautizarlos y nunca más les habló del cristianismo. Intentó aprender los secretos de su religión, de sus ritos, pero fue imposible. Los indios guaicurús o mbayás, como también se llaman, sólo pueden enseñar sus secretos a los niños.

Carlos Pinazo, al llegar a este punto se despidió cortésmente de la forastera y de los otros hombres que había en la sala y salió del Gran Café con la cabeza muy levantada, lleno de orgullo, como un cazador que acaba de capturar una gran pieza.

A. Busque la palabra.

Complete estas frases con las palabras que se definen o explican entre paréntesis:

1. *Es un* ....
   del siglo XIX.   (una construcción, una casa).

2. *Después de comer, el señor*
   .... *el ABC.*   (pasa las hojas).

3. *En verano, hay en el pueblo*
   muchos ....   (personas que no son del pueblo, que vienen de fuera).

4. *Las barcas se preparan para*
   salir a ....   (coger peces).

5. *El forastero da unos* ....   (movimientos con los pies
   indecisos y se sienta.   al caminar).

6. *Fue enviado a la* ....   (lugar con muchos árboles, como
   paraguaya.   en el Amazonas).

7. *Los indígenas vivían a*
   .... *del río Paraguay.*   (bordes de un río).

8. *Iban a pescar en pequeñas*
   ....   (embarcaciones de remos).

9. *Los indígenas caminaban*
   ....   (sin zapatos, con los pies desnudos).

10. *El* .... *levantó olas*
    enormes.   (aire muy fuerte y violento).

B. Cuatro verbos irregulares.

Complete cada una de estas frases con la forma adecuada del verbo que se destaca.

1. EL AMIGO: *El misionero **pidió** auxilio. Ustedes, ¿qué hicieron?*
   EL MARIDO: *No, nosotros no* .... *auxilio.*
   LA MUJER: *¿Qué dices, Pepe? Tú no* .... *auxilio,*
              pero yo sí lo ....

2. EL POLICÍA: *¿Qué **vieron** ustedes?*
   EL PADRE: *Nosotros no* .... *nada. Bueno, los niños*
              dicen que .... *un fantasma, pero yo no*
              .... *nada.*

98

3. UNA SEÑORA: *¿Usted **siguió** trabajando hasta las ocho?*
   UN SEÑOR: *Bueno, yo .... trabajando hasta las sie-*
   te. Luego me puse a ver la televisión.
   LA SEÑORA: *Pues, nosotras no .... trabajando por-*
   que no teníamos trabajo; pero ellos ....
   hasta las diez.

4. UN SEÑOR: *¿Por qué no **quisiste** venir ayer a la fiesta?*
   UNA SEÑORA: *Yo sí ...., pero mi marido y mis hijos no*
   ....

C. Satisfacción o sorpresa.

¿Qué sentimientos expresa cada una de las frases de aquí abajo?
Escriba la letra correspondiente:

Expresa satisfacción, interés o entusiasmo = (a).
Expresa sorpresa = (b).

1. *¿Has estado en Paraguay? ¡No me lo puedo creer!* (   )
2. *¡Caminan por el agua! ¡Es sorprendente!* (   )
3. *Estoy muy contento con mi nueva casa.* (   )
4. *Ana está entusiasmada con su viaje a la selva.* (   )
5. *¿Hablas la lengua de los guaicurús? ¡Qué increíble!* (   )
6. *¡Los guaicurús son extraordinarios!* (   )
7. *Me encanta Paraguay.* (   )
8. *A Pinazo le escuchan con atención.* (   )

D. Conteste a estas preguntas:

¿Qué sabemos de esta historia?

¿Qué sabemos del Gran Café?
¿Cómo es Carlos Pinazo?
¿Qué hace después de comer?
¿Cuándo llegó de América?
¿Por qué elige precisamente el sillón donde se sienta siempre?
¿Qué hace Carlos Pinazo cuando un forastero se sienta a su lado?
¿Qué le cuenta al forastero sobre su tío?
¿Por qué no quiso su tío bautizar a los indígenas?
¿Qué hace cuando llega al final de la historia?

E. Contrarios.

Busque en el texto los antónimos de estas palabras:

1. medianoche
2. vieja
3. antes
4. lentos
5. amanecer
6. entraban
7. se vestían
8. vulgares, corrientes
9. ángeles
10. aburrimiento, desgana

11. violentos
12. anterior
13. distraídamente
14. acercaba
15. paraíso
16. se vació
17. terminó
18. principio
19. normal
20. por debajo

F. Escriba un poco.

¿Qué sabe usted de las religiones de los antiguos indígenas americanos? Consulte una enciclopedia y escriba algo sobre la religión de los mayas, incas, aztecas...

Pueden trabajar en grupos de dos o tres personas. Cada grupo presentará luego a los otros lo que ha escrito.

En el tren Madrid-Sevilla

Estábamos en el expreso Madrid-Sevilla. Yo estaba sentado junto a la ventanilla. Enfrente de mí, una señora de edad, muy elegante, se quitaba las joyas y las metía en un gran bolso de piel de cocodrilo. Nos dijo que viajaba con nosotros, en segunda clase, porque no había podido conseguir un billete de primera.

Al lado derecho de la señora había un señor de mediana edad, correctamente vestido, con traje azul y corbata.

A mi derecha iba un joven con la cabeza rapada, que llevaba botas militares, pantalones y chaqueta de cuero negros. Sacó un enorme puro y lo encendió.

La mujer que iba enfrente de mí le dijo al joven:

—*Oiga, ¿por qué no se va a fumar al pasillo?*

—*Señora, estamos en un compartimento de fumadores* —le contestó él, muy tranquilo.

—*Él tiene razón, señora* —dije yo.

La señora y el joven se insultaron. Los demás no decíamos nada.

El señor del traje azul se levantó, abrió una enorme maleta que había arriba en la rejilla, sacó un neceser, y se volvió a sentar. Puso el neceser a su lado y sacó de su interior un paquete de pañuelos de papel.

Yo miré hacia la rejilla. Había quedado fuera de la maleta parte de uno de los tirantes que sirven para sujetar la ropa, y la hebilla que había en su extremo golpeaba la maleta cada vez que el tren hacía un movimiento brusco.

El tren entró en un túnel, pero las luces no se encendieron. En la oscuridad alguien abrió la ventanilla.

Cuando el tren salió del túnel la señora que estaba enfrente de mí gritó:

—*¡Mi bolso! ¿Dónde está mi bolso?*

Todos nos volvimos hacia ella y seguimos su mirada: primero miramos a su lado derecho, donde había estado el bolso antes de entrar en el túnel, luego al joven con la cabeza rapada y, por último, a la ventanilla. «El joven, furioso por los insultos de la señora, había cogido el bolso y lo había tirado por la ventanilla», pensé.

El señor del traje azul se levantó, salió del compartimento y, pasado un rato, entró con un guardia.

—*¡Éste es!*— dijo el señor al guardia, señalando al joven con el dedo. El joven protestó:

—*¡Qué va! Se equivoca usted. Yo no he hecho nada.*

—*Venga conmigo* —dijo el guardia al joven—. *Le tengo que hacer algunas preguntas.*

El tren se paró en una estación. Nosotros nos preparamos para salir del compartimento. Yo iba detrás del señor del traje azul. En la mano izquierda llevaba su maleta. «Ya no se oyen los golpes de la hebilla» —pensé—. «En su mano derecha lleva una maleta pequeña y su gran neceser, que coge con dificultad».

De pronto lo comprendí todo.

—*¡¡Alto!!* —grité, señalando con el dedo al señor vestido de azul, que iba delante de mí—. *¡Detengan a este señor! ¡Es el ladrón!*

El guardia obligó al señor a abrir sus maletas. Efectivamente, allí estaba el bolso de cocodrilo de la señora.

—*Pero, ¿cómo lo sabía usted?* —me preguntó la señora.

—*Muy fácil* —le contesté—. *Antes de entrar en el túnel la hebilla golpeaba la maleta. Cuando salimos del túnel no se oía la hebilla. ¡El tirante ya no cuelga fuera de la maleta! Esto quiere decir que el señor ha abierto otra vez la maleta en la oscuridad, cuando estábamos en el túnel.*

—*Tiene razón. ¡Qué inteligente!* —dijo la señora.

—*Hay otro detalle* —dije yo—. *Nuestro amigo no volvió a poner el neceser en la maleta, aunque es evidente que le resultaba muy incómodo llevarlo. Claro, ¡no quería abrir la maleta delante de nosotros! Sólo había una explicación: cuando entramos en el túnel abrió la ventanilla, cogió el bolso de la señora con las joyas, y lo metió en su maleta. Pensó que todos íbamos a creer que el joven lo había tirado por la ventanilla.*

A. ¿Pretérito indefinido o imperfecto?

Complete las frases con formas adecuadas —en pretérito indefinido o en pretérito imperfecto— de los verbos que están entre paréntesis.

1. *En el tren Madrid-Sevilla, yo* (estar) .... *sentado junto a la ventanilla.*
2. *Delante de mí* (haber) .... *una señora que* (llevar) .... *muchas joyas.*
3. *Creo que ella* (vivir) .... *en Sevilla.*
4. *Dijo que* (viajar) .... *siempre en primera.*
5. *En el mismo compartimento* (haber) .... *otras dos personas.*
6. *A mi derecha* (ir) .... *un joven que* (llevar) .... *botas militares.*
7. *El joven* (sacar) .... *un puro y lo* (encender) ....
8. *La mujer que* (ir) .... *enfrente de mí,* (hacer) .... *un gesto de disgusto y le* (decir) .... *al joven que allí no se* (poder) .... *fumar.*
9. *Se* (insultar) .... *el uno al otro durante un buen rato.*
10. *Alguien* (abrir) .... *la ventanilla y* (entrar) .... *el aire fresco.*
11. *El tren* (entrar) .... *en el túnel.*

103

12. *La señora* (decir) .... *que su bolso ya no* (estar) ......
.... *allí.*
13. *Luego* (llegar) .... *un guardia y* (obligar) ....
.... *al señor a abrir sus maletas.*
14. *Allí* (estar) .... *el bolso de la señora.*

B. Crucigrama.

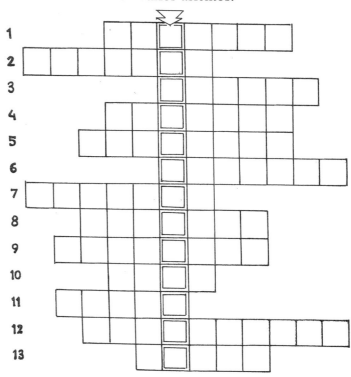

Parte de un vagón
con varios asientos.

1. *El señor del traje azul abrió la maleta y sacó un* ....
2. *Persona que fuma:* ....
3. *Abrió una enorme* ....
4. *Estábamos en el* .... *Madrid-Sevilla.*
5. *El tren se paró en una* ....
6. *Había una enorme maleta, arriba, en la* ....
7. *No había podido conseguir un* .... *de primera.*

104

8. *¿Por qué no se va a fumar al* ....?

9. *Le resulta muy* .... *llevarlo en la mano.*

10. *El* .... *entró en un túnel.*

11. *Todos en fila bajamos del* ....

12. *Yo estaba junto a la* ....

13. *Las metía en un gran* .... *de piel de cocodrilo.*

C. Diga lo contrario.

Escriba en las frases **b** lo contrario de las palabras subrayadas en cada una de las frases **a**.

1.a. —*¿Es una señora **joven**?*

b. —*No, es una señora de* ....

2.a. —*La señora, ¿se **pone** las joyas?*

b. —*No, se las* ....

3.a. —*¿Escribe con la mano **izquierda**?*

b. —*No, lo hace con la* ....

4.a. —*¿Viajan **separados**?*

b. —*No,* ....

5.a. —*¿**Apagó** el puro?*

b. —*¡Qué va! Lo* ....

6.a. —*El chico, ¿estaba **nervioso**?*

b. —*¡Ni hablar! Estaba muy* ....

7.a. —*¿Es **mentira**?*

b. —*No, no, es* ....

8.a. —*El señor, ¿se **levantó**?*

b. —*No, se* .... *enfrente de mí.*

9.a. —*¿**Abrió** la maleta?*

b. —*¡Qué la va a abrir! La* ....

10.a. —*¿**Metió** el neceser?*

b. —*¿El neceser? No, lo* ....

11.a. —*¿Ha sido **difícil** el examen?*

b. —*No, no. Ha sido muy* ....

12.a. —*¿Hablaba con **facilidad**?*

b. —*No. Hablaba con mucha* ....

D. Diga la verdad.

Estas seis afirmaciones no son correctas. Explique cómo era la realidad.

1. *La señora era pobre y vulgar.*
2. *Viajaba siempre en segunda.*
3. *El joven con la cabeza rapada llevaba traje azul y corbata.*
4. *La mujer y el joven se enfadaron porque los dos querían el mismo asiento.*
5. *Al entrar el tren en el túnel, el señor del traje azul se levantó para ir al vagón restaurante.*
6. *El narrador sospechó del señor de traje azul porque su maleta era muy grande.*

E. Dar la razón a alguien o no dársela.

Estas expresiones se emplean para dar (o negar) la razón a alguien. Escriba **sí** junto a las que se usan cuando se quiere decir: *Yo pienso como usted; es verdad.* Ponga **no** junto a las que significan: *No tiene usted razón, no es verdad* o *no lo creo.*

1. *Se equivoca usted.* ....
2. *Tiene razón.* ....
3. *Es cierto.* ....
4. *¡Claro que sí!* ....
5. *¡Qué va!* ....
6. *¿No lo dirá en serio?* ....
7. *Estoy de acuerdo.* ....
8. *Desde luego que sí.* ....

F. Cuente usted la historia.

La señora de las joyas, al llegar a casa, le cuenta a su marido lo que ha ocurrido en el tren. ¿Qué le dice?

Clave de los ejercicios

¿Para ir al Thyssen, por favor?

A. (1)-a; (2)-d; (3)-f; (4)-c; (5)-e; (6)-b.

B. 1. *llena;* 2. *acerca;* 3. *izquierda;* 4. *baja;* 5. *gordo;* 6. *eleva/levanta;* 7. *tranquila;* 8. *distinguida;* 9. *abierta.*

C. Respuesta libre. (R.L.)

D. R.L.

E. R.L.

F. R.L.

El fiero león

A. 1. *vacía;* 2. *antigua;* 3. *terrible;* 4. *delgado;* 5. *intranquila;* 6. *suave;* 7. *alegre.*

B. 1. *a, en;* 2. *a, del;* 3. *a;* 4. *con, al;* 5. *sin;* 6. *del;* 7. *sobre.*

C. 1. *empieza;* 2. *cuentan;* 3. *pone, pongo;* 4. *queremos, quiere, quiero;* 5. *oyes, oigo;* 6. *jugáis, jugamos, juego, juegan.*

D. a-2; b-3; c-4 d-1; e-6; f-5.

E. R.L.

El accidente

A. 1. *de, en;* 2. *por;* 3. *por;* 4. *a;* 5. *de;* 6. *a;* 7. *de;* 8. *a;* 9. *de;* 10. *en;* 11. *al hacia;* 12. *en;* 13. *de.*

B. 1.b/1.d/1.f; 2.b/2.d; 3.e; 4.a; 5.g; 6.h; 7.b; 8.i; 9.b/9.c/9.d.

C. (1) *es;* (2) *Es;* (3) *Está;* (4) *está;* (5) *es;* (6) *es;* (7) *está;* (8) *está;* (9) *está;* (10) *está;* (11) *estado;* (12) *está;* (13) *Está;* (14) *son;* (15) *es;* (16) *son;* (17) *son.*

D. a. *caliente/cálido;* b. *bajo;* c. *delgado/flaco;* d. *estrecha/delgada;* e. *oscura;* f. *simpático/amable;* g. *bruscamente;* h. *pregunta/cuestión;* i. *listo;* j. *recordar.*

E. *salió; Pasó; estaba; Había; atropelló; salió; eran; recogieron; llevaron; fue; llevaba.*

F. R.L.

G. HORIZONTALES: **A.** casi - lac - tíos; **B.** Simpático - O; **C.** E - O - acarrab; **D.** asulb - llevar; **E.** Curiosidad - A; **F.** Ya - celoso - ir; **G.** De - sert - ATS; **H.** Del - triángulo; **I.** Mu - EOA - uvas; **J.** oidar - no - aesa; **K.** País - osos - D; **L.** Sr - Tú - ayer - O.

VERTICALES: **1.** C - es - y - D - OP; **2.** As - academias; **3.** Sí - su - eludir; **4.** im - URC - as; **5.** Poliéster; **6.** La - bolero - U; **7.** Ata - soriano; **8.** Ciclista - osa; **9.** Caldo - N - oy; **10.** Torea - aguase; **11.** I - RVD - tuve - R; **12.** O - AA - is - las; **13.** Sobrar - osado.

El chico aficionado a la pesca

A. 1-c; 2-f; 3-a; 4-e; 5-b; 6-d.

B. 1. *cuánto;* 2. *cuántas;* 3. *cuándo;* 4. *qué;* 5. *cómo;* 6. *dónde;* 7. *quién;* 8. *qué;* 9. *cuanto;* 10. *cuántos.*

C. 1. *Venga;* 2. *Pague;* 3. *Pesque;* 4. *Regrese;* 5. *Coma;* 6. *Vuelva;* 7. *Ponga;* 8. *digas;* 9. *Vaya.*

D. *Iba a pescar; tenía; solía; pasaba; regresaba; contaba; había pasado; mostraba; hablaba; pescaba; veía; contaba; creía; decía.*

E. R.L.

Puerta segura

A. R.L.

B. 1. *estuve;* 2. *era;* 3. *estaba;* 4, *recibió;* 5. *acompañó;* 6. *Había;* 7. *entregó;* 8. *Era;* 9. *estuve;* 10. *Había, encendía,* *apagaba;* 11. *Era, estaba;* 12. *pasó;* 13. *dijo, estaba, estaba.*

C. R.L. **D.** R.L. **E.** R.L. **F.** R.L.

La estudiante

A. 1. *de;* 2. *de;* 3. *a;* 4. *por;* 5. *por;* 6. *en;* 7. *de;* 8. *de;* 9. *en;* 10. *a;* 11. *para.*

B. 1. *alguien;* 2. *nadie;* 3. *algo;* 4. *nada;* 5. *algo;* 6. *algún;* 7. *ninguno;* 8. *Alguno;* 9. *ninguno;* 10. *nada.*

C. 1. *siguió, seguimos;* 2. *hice, hizo, hiciste, hicimos;* 3. *pusieron, puse, pusimos, puso.*

D. R.L.

E. 1. *estuvo;* 2. *Se conocieron;* 3. *se casaron;* 4. *empezó;* 5. *trabajaba;* 6. *se dedicaba;* 7. *acabó;* 8. *decían/dijeron;* 9. *dependía;* 10. *tenía;* 11. *ofendía;* 12. *decía;* 13. *era;* 14. *tenía;* 15. *dejó;* 16. *empezó;* 17. *pensaba;* 18. *era;* 19. *tenía;* 20. *cambió;* 21. *fue;* 22. *se fijó;* 23. *miró;* 24. *notó/notaba;* 25. *era.*

F. R.L.

El perro amaestrado

A. 1. *se reúnen;* 2. *se llama;* 3. *se atreve;* 4. *se burla;* 5. *se mueve;* 6. *se pasa;* 7. *me imagino;* 8. *te dedicas;* 9. *nos despedimos.*

B. 2. *A Eva le gusta Juan;* 3. *Me gusta M;* 4. *¿Te gusta Pedro?;* 5. *A Mario le gustan Isabel y Eva;* 6. *Nos gusta C;* 7. *¿Le gusta el cine español?*

C. R.L. **D.** R.L. **E.** R.L.

F. R.L. **G.** R.L.

¡Petróleo!

A. 1. *comprobó;* 2. *cruzaba;* 3. *necesitaba;* 4. *Entró;* 5. *estaba;* 6. *pidió, leyó;* 7. *se fijó;* 8. *pasaba.*

B. 1-d; 2-c; 3-i; 4-e; 5-a; 6-g; 7-b; 8-f; 9 h.

C. 1. *a, de, en;* 2. *de/desde, al/hasta el;* 3. *a, de;* 4. *De/desde, al/hasta el;* 5. *a, de/desde;* 6. *Entre, de.*

D. R.L.

La excursión de los abuelos

A. 1. reservan; 2. hay/quedan; 3. es; 4. anda/camina; 5. lleva; 6. traigo; 7. esperamos/estamos esperando; 8. tiene; 9. hace; 10. sientan.

B. 1. *a qué hora;* 2. *en punto;* 3. *dentro de;* 4. *sobre;* 5. *poco después;* 6. *cuando llegue;* 7. *cuando llega;* 8. *hace;* 9. *Al cabo;* 10. *Faltan;* 11. *Mientras.*

C. 1. *todas;* 2. *toda;* 3. *todos;* 4. *todo;* 5. *todas;* 6. *toda;* 7. *todo;* 8. *todos/todas.*

D. R.L. **E.** R.L.

El pintor

A. 1. *se las;* 2. *me la;* 3. *nos los;* 4. *nos las;* 5. *se las;* 6. *se los;* 7. *os las;* 8. *nos lo;* 9. *me la.*

B. 1. *Puede que esté, pero no está...;* 2. *Puede que tenga..., pero no tiene...;* 3. *Puede que canten..., pero no cantan...;* 4. *Puede que imite..., pero no imita...;* 5. *Puede que sea..., pero no es...;* 6. *Puede que sirva..., pero no sirve...*

C. 1. *llegó;* 2. *estaba;* 3. *Era;* 4. *dijo;* 5. *gustaba;* 6. *parecía;* 7. *gustó;* 8. *salió;* 9. *miró;* 10. *había;* 11. *imitaba;* 12. *puso;* 13. *terminó;* 14. *Era;* 15. *puso;* 16. *se equivocó;* 17. *puso.*

D. 1. *Vamos;* 2. *viejo;* 3. *sacó;* 4. *joven;* 5. *nervioso;* 6. *secos;* 7. *más;* 8. *imposible;* 9. *auténticos;* 10. *preciosa;* 11. *terminar;* 12. *voy;* 13. *grandes;* 14. *debajo;* 15. *abrió;* 16. *salió;*

17. *llena;* 18. *antes;* 19. *siempre;* 20. *mucho;* 21. *se divertía;* 22. *falsificados;* 23. *mejores;* 24. *también;* 25. *mayor;* 26. *vendía;* 27. *sucia.*

E. 1. *de;* 2. *al;* 3. *de;* 4. *con;* 5. *de;* 6. *Desde;* 7. *hasta;* 8. *en;* 9. *para;* 10. *Por.*

F. R.L.

La niña y el viejo

A. 1. *oro;* 2. *pasaba;* 3. *turno;* 4. *aspecto;* 5. *pusieron;* 6. *vez;* 7. *voz;* 8. *aficionado;* 9. *quedaba;* 10. *mar;* 11. *ocurrió.*

B. 1. *era, tenía;* 2. *iban, se quedaba;* 3. *jugaba, hablaba;* 4. *fue, Dijo, veía, necesitaba;* 5. *dijo, quería;* 6. *se pusieron;* 7. *iba, leía;* 8. *terminó;* 9. *se despidió;* 10. *regaló;* 11. *se fue.*

C. R.L.

D. R.L.

E. R.L.

F. Son las soluciones del ejercicio **A.**

El traje para la fiesta

A. 1. *Abrochar;* 2. *sudo;* 3. *peso;* 4. *he adelgazado;* 5. *a base de;* 6. *Dedico;* 7. *Puntual.*

B. 1. *Es el seguro del coche;* 2. *Es el botón del traje;* 3. *Es la báscula de la farmacia;* 4. *Es la carta del banco;* 5. *Es la entrada del jardín.*

C. R.L.   **D.** R.L.   **E.** R.L.

F. R.L.   **G.** R.L.

El donativo

A. La afirmación falsa es la tercera:
La última vez que los niños llaman a la puerta, la madre está muy cerca de la entrada.

B. 1. *enfría;* 2. *tarde;* 3. *dificultad;* 4. *empieza;* 5. *cerrada;* 6. *quitado;* 7. *acerca;* 8. *salida.*

C. 1-g; 2-c; 3-i; 4-j; 5-f; 6-a; 7-h; 8-d; 9-e; 10-b.

D. 1. *Dile;* 2. *Ponlo, lo pongas;* 3. *Sácalos, los saques;* 4. *Dale;* 5. *Hacedla, la hagáis;* 6. *comáis, comed;* 7. *Venid;* 8. *traigas.*

E. 1. *Salvamanteles;* 2. *Plato hondo;* 3. *Plato llano;* 4. *Cubiertos;* 5. *Jarra;* 6. *fuente;* 7. *olla;* 8. *cucharón;* 9. *taza.*

F. R.L.

G. Son las soluciones del ejercicio **E.**

El desaparecido

A. R.L.

B. 1-j; 2-h; 3-d; 4-g; 5-b; 6-c; 7-a; 8-k; 9-e; 10-i; 11-f.

C. 1. *muerto;* 2. *puso;* 3. *estuvo;* 4. *Hacía;* 5. *dicho, visto;* 6. *hizo, oyó.*

D. 1. *¿Sabe usted algo del señor Pascual?* 2. *¿Hay alguna etiqueta...?* 3. *¿Ha visto a alguien...?* 4. *¿Ha ido a pescar alguno de sus hermanos?* 5. *¿Ha hablado alguien con...?* 6. *¿Tiene algún seguro?*

E. R.L.   **F.** R.L.

G. R.L.   **H.** R.L.

El billete de lotería

A. 1. *es;* 2. *Está;* 3. *es;* 4. *está;* 5. *está;* 6. *está;* 7. *es;* 8. *está;* 9. *está;* 10. *Es;* 11. *está;* 12. *Es.*

B. 1. *nervioso;* 2. *lotería;* 3. *hombres;* 4. *terraza;* 5. *irónico;* 6. *número;* 7. *compartir;* 8. *inventar;* 9. *justo;* 10. *afueras.* (VERTICAL: *veraneante*).

C. 1. *piensas;* 2. *irte;* 3. *pienso;* 4. *irme;* 5. *piensan;* 6. *irse;* 7. *penséis;* 8. *iros;* 9. *pensamos;* 10. *irnos.*

D. 1. *se quedó;* 2. *te quedan, me quedan;* 3. *me queda;* 4. *quedarse;* 5. *se quedó.*

E. ... *vendería, compraría, se iría, podría ir, pondría, se bañaría, saldría.*

F. 1. *dentro de;* 2. *faltan;* 3. *unos días más tarde;* 4. *a mediados;* 5. *próximo;* 6. *al día siguiente;* 7. *esta tarde;* 8. *el otro día;* 9. *llevo;* 10. *hace.*

G. R.L.

Tomasito

A. 1. *ponga;* 2. *traigan;* 3. *vengan;* 4. *existen;* 5. *viven, vivan;* 6. *olvides;* 7. *anochezca;* 8. *tengas.*

B. 1-f; 2-b; 3-g; 4-a; 5-e; 6j; 7-i; 8-h; 9-d; 10-c.

C. 1. *corría;* 2. *se distanciaba;* 3. *perseguía;* 4. *desapareció;* 5. *fue;* 6. *habló;* 7. *estaba;* 8. *entró;* 9. *amenazó;* 10. *cogió;* 11. *salió;* 12. *Era;* 13. *llevaba;* 14. *hablaba;* 15. *hacía;* 16. *hablaba;* 17. *escribía/escribió;* 18. *levantó;* 19. *dijo/decía;* 20. *se puso;* 21. *nevaba;* 22. *caminaba.*

D. 1. *feliz;* 2. *traigo;* 3. *lejano;* 4. *guapo/hermoso;* 5. *abierta;* 6. *se quitó;* 7. *enorme;* 8. *sobre;* 9. *gritó;* 10. *dejó de;* 11. *calor;* 12. *furioso;* 13. *abajo;* 14. *a su espalda;* 15. *viejo;* 16. *antes de;* 17. *limpia;* 18. *vender;* 19. *más;* 20. *levantó.*

E. 1. *distancia;* 2. *color;* 3. *guardia;* 4. *gesto;* 5. *inmigración/inmigrante;* 6. *mirada;* 7. *orden/ordenador;* 8. *vista;* 9. *denuncia;* 10. *llegada.*

F. R.L.

La aventura de viajar

A. 1. *el riesgo;* 2. *el vuelo;* 3. *el viaje;* 4. *el paseo;* 5. *la vista;* 6. *la salida;* 7. *la comparación;* 8. *el conductor;* 9. *el trabajo;* 10. *la complicación.*

B. 1. *tan;* 2. *tantos;* 3. *tan;* 4. *tanto;* 5. *tantas;* 6. *Tan;* 7. *tanto;* 8. *tantas.*

C. R.L. **D.** R.L.

E. a-5-g; b-3-j; c-8-i; d-2-a; e-7-c; f-1-e; g-10-h; h-4-b; i-6-f; j-9-d.

F. R.L. **G.** R.L. **H.** R.L.

La máquina de fabricar botones

A. 1. *al día siguiente;* 2. *hace dos días;* 3. *dentro de dos días;* 4. *Acabo de llegar;* 5. *después de;* 6. *He tardado.*

B. 1. *Sí, venda;* 2. *arregle;* 3. *conecte;* 4. *introduzca;* 5. *haga;* 6. *traiga;* 7. *cierre;* 8. *ponga.*

C. 1. *llega;* 2. *llegue;* 3. *llegue;* 4. *llega;* 5. *llega;* 6. *llegue;* 7. *funciona;* 8. *sea;* 9. *pone/ponga;* 10. *ponga.*

D. R.L.

E. 1. *fax;* 2. *microondas;* 3. *lavadora;* 4. *ordenador (computador);* 5. *nevera (heladera/frigorífico);* 6. *lavaplatos/lavavajillas;* 7. *teléfono/internet;* 8. *plancha;* 9. *aspirador(a);* 10. *ascensor;* 11. *congelador;* 12. *cámara.*

F. Son las soluciones del ejercicio **D.**

Recuerdos del Paraguay

A. 1. *edificio;* 2. *hojea;* 3. *forasteros;* 4. *pescar;* 5. *pasos;* 6. *selva;* 7. *orillas;* 8. *canoas;* 9. *descalzos;* 10. *viento.*

B. 1. *pedimos, pediste, pedí;* 2. *vimos, vieron, vi;* 3. *seguí, seguimos, siguieron;* 4. *quise/quería, quisieron.*

C. 1 (b); 2 (b); 3 (a); 4 (a); 5 (b); 6 (a); 7 (a); 8 (a).

D. R.L.

E. 1. *mediodía;* 2. *joven;* 3. *después;* 4. *rápidos;* 5. *anochecer;* 6. *salían;* 7. *se desnudaban;* 8. *extraños;* 9. *demonios;*

10. *entusiasmo;* 11. *pacíficos;* 12. *siguiente;* 13. *con atención;* 14. *alejaba;* 15. *infierno;* 16. *se llenó;* 17. *empezó;* 18. *final;* 19. *sorprendente;* 20. *por encima.*

F. R.L.

En el tren Madrid-Sevilla

A. 1. *estaba;* 2. *había, llevaba;* 3. *vivía;* 4. *viajaba;* 5. *había;* 6. *iba, llevaba;* 7. *sacó, encendió;* 8. *iba, hizo, dijo, podía;* 9. *insultaron;* 10. *abrió, entró;* 11. *entró;* 12. *dijo, estaba;* 13. *llegó, obligó;* 14. *estaba.*

B. 1. *neceser;* 2. *fumador;* 3. *maleta;* 4. *expreso;* 5. *estación;* 6. *rejilla;* 7. *billete;* 8. *pasillo;* 9. *incómodo;* 10. *tren;* 11. *vagón;* 12. *ventanilla;* 13. *bolso.* (VERTICAL: *compartimento*).

C. 1. *edad;* 2. *quita;* 3. *derecha;* 4. *juntos;* 5. *encendió;* 6. *tranquilo;* 7. *verdad;* 8. *sentó;* 9. *cerró;* 10. *sacó;* 11. *fácil/sencillo;* 12. *dificultad.*

D. R.L.

E. 1. *no;* 2. *sí;* 3. *sí;* 4. *sí;* 5. *no;* 6. *no;* 7. *sí;* 8. *sí.*

F. R.L.

Glosario

(17)	abajo	*below*
(8)	abierto/a	*open*
(11)	abrir	*to open*
(60)	abrochar	*to button*
(15)	acabar	*to finish*
(28)	acceso, el	*access*
(8)	acento, el	*accent*
(32)	aceptar	*to accept*
(7)	acercarse	*to approach*
(23)	acompañar	*to accompany*
(12)	acordarse	*to remember*
(87)	acostumbrado/a	*accustomed*
(49)	acuarela, la	*watercolour*
(46)	acueducto, el	*aqueduct*
(54)	acuerdo, el	*agreement*
(60)	adelgazar	*to make thin*
(71)	adentrar	*to go into*
(11)	admirar	*to admire*
(97)	adorar	*to adore*
(77)	adosado/a	*leaned*
(50)	afeitado/a	*shaved*
(37)	afilado/a	*sharp*
(87)	afirmar	*to assure*
(77)	afueras, las	*outskirts*
(41)	agacharse	*to lean over*
(12)	agente, el	*policeman*
(84)	agradable	*agreeable*
(40)	agua, el	*water*
(40)	agujero, el	*hole*
(41)	ahorros, los	*savings*
(12)	alcalde, el	*mayor*
(12)	alegría, la	*happiness/gaiety*
(40)	alejado/a	*far way/distant*
(97)	alejarse	*to go away*
(60)	alimentar	*to feed*
(8)	almacén, el	*store*
(11)	alrededor	*around*
(87)	alternativa, la	*choice/option*
(37)	amaestrar	*to train/to teach*
(17)	amigo/a	*friend*
(64)	ancho/a	*wide*
(44)	anciano, el	*old/elderly*
(8)	andar	*to walk*
(54)	animado/a	*lively/animated*
(32)	animarse	*to make up one's mind*
(71)	anoche	*last night*
(12)	anochecer	*to get dark*
(60)	anticuado/a	*antiquated/obsolete*
(11)	antiguo/a	*old*
(65)	aparador, el	*corner cupboard*
(50)	aparato, el	*device*
(12)	aparcar	*to park*
(22)	aparecer	*to appear*
(8)	apartado/a	*P.O. Box*
(28)	apretar	*to press*
(72)	aprovechar	*to take advantage of*

111

(12)	arma, el	weapon
(55)	armario, el	wardrove
(37)	arrancar	to pull up
(92)	arreglar	to repair
(88)	arrepentirse	to regret/to be sorry for
(102)	arriba	above/up
(88)	arriesgar	to risk
(12)	arrojar	to throw
(45)	arroz, el	rice
(23)	asegurarse	to make sure
(40)	asfaltar	to asphalt
(46)	asiento, el	seat
(65)	asomar	to appear
(8)	asombrado/a	surprised
(7)	aspecto, el	look/appearance
(23)	asustar	to scare away
(51)	asustar	to alarm
(36)	atar	to tie/to bind
(41)	atentado, el	attack
(87)	atracción, la	entertainment
(32)	atractivo/a	attractive
(32)	atraer	to attract
(32)	atrever	to dare
(15)	atropellar	to knock down
(49)	auténtico/a	genuine/authentic
(40)	autopista, la	motorway
(97)	auxilio, el	help/aid
(41)	avisar	to notify
(16)	ayudar	to help
(11)	bajar	to go down
(8)	bajo/a	short/low
(36)	banco, el	bench
(54)	barba, la	beard
(61)	barbacoa, la	barbecue
(70)	barca, la	small boat
(22)	barrio, el	neighbourhood
(60)	báscula, la	scales
(17)	bata, la	white robe
(88)	bate, el	bat
(97)	bautismo, el	baptism
(97)	bautizar	to baptize
(16)	beber	to drink
(22)	bello/a	beautiful
(77)	billete, el	lottery ticket
(44)	blanco/a	white
(45)	bloc, el	bloc
(8)	boca, la	mouth
(88)	bocadillo, el	snadwich
(65)	bolsillo, el	pocket
(31)	bolso, el	handbag
(54)	bonachón/a	good- natured
(82)	bonito/a	pretty
(83)	borde, el	edge
(12)	bosque, el	woods/forest
(101)	botas, las	boots
(88)	botiquín, el	medicine chest

(27)	botón, el	button
(50)	brazo, el	arm
(83)	brillar	to shine
(93)	broma, la	fun/joke
(16)	bromear	to joke
(41)	brotar	to rise
(102)	brusco/a	rough/abrupt
(22)	bulto, el	shape
(36)	burlarse	to mock
(12)	buscar	to look for
(37)	cabello, el	hair
(91)	caber	to fit
(45)	cabrito, el	goat
(37)	cachorro, el	puppy
(16)	cadáver, el	corpse
(54)	caer	to fall
(17)	cafetería, la	cafeteria
(87)	cálculo, el	computation/calculation
(7)	calentar	to heat (up)
(17)	callar	to be quiet
(8)	calma, la	calm
(11)	calor, el	heat
(28)	camarero/a, el/la	waiter/waitress
(82)	camello, el	camel
(12)	caminar	to walk
(8)	camino, el	road/way
(91)	camión, el	truck
(64)	camiseta, la	shirt
(45)	canela, la	cinnamon
(97)	canoa, la	canoe
(21)	caña, la	rod
(7)	capital, la	capital
(97)	capturar	to capture
(50)	carácter	character
(55)	cariñoso/a	loving
(12)	carne, la	meat
(11)	carpa, la	big top
(77)	carretera, la	road/highway
(28)	carrito, el	trolley
(59)	cartero, el	postman
(31)	casarse	to marry
(15)	caso, el	case/event
(45)	cava, el	cava
(97)	cazador, el	hunting
(12)	celebrar	to celebrate
(37)	celos, los	jealous
(17)	cena, la	dinner
(27)	centro, el	centre
(11)	cerrado/a	closed
(27)	cerradura, la	lock
(51)	cerrar	to close
(82)	cesta, la	basquet
(44)	chal, el	shawl
(44)	chaqueta, la	jacket
(41)	charco, el	puddle
(65)	chocar	to shock

112

(15)	ciclista, el/la	cyclist
(32)	ciego/a	blind
(8)	cielo, el	heaven
(11)	circo, el	circus
(7)	ciudad, la	city
(8)	clásico/a	classical
(50)	cliente, el	customer
(72)	cobrar	to earn
(64)	cocina, la	kitchen
(101)	cocodrilo, el	crocodile
(28)	código, el	code
(21)	coger	to take/catch
(50)	colgar	to hang up
(97)	colocar	to place
(65)	comedor, el	dinning room
(28)	comentar	to comment
(82)	comentario, el	comment/remark
(82)	comerciante, el	merchant
(12)	comida, la	food/meal
(72)	comisaría, la	police station
(17)	compañero/a, el/la	companion/friend
(37)	compañía, la	company
(88)	comparar	to compare
(101)	compartimento, el	enclosure
(76)	compartir	to share
(59)	complacer	to please
(31)	completo/a	full/complete
(88)	complicación, la	complication
(37)	comprarse	to buy/to purchase
(40)	comprobar	to check
(88)	conductor, el	driver
(92)	conectar	to plug in
(72)	confesar	to acknowledge
(7)	conocer	to know
(50)	conocido/a	distinguished
(101)	conseguir	to get/to obtain
(45)	construir	to build
(77)	consumición, la	drink
(37)	consumirse	to be eaten up with
(42)	contaminado/a	to pollute
(22)	contenerse	to control oneself
(96)	contento/a	pleased
(77)	contestador, el	answering machine
(87)	convencido/a	convinced
(45)	conversar	to converse
(45)	copa, la	glass
(44)	corbata, la	tie
(12)	cordero, el	mutton
(27)	cordialidad, la	cordiality
(83)	corona, la	crown
(11)	corpulento/a	corpulent
(101)	correctamente	correctly
(11)	correr	to run
(97)	cortésmente	politely
(64)	corto/a	short
(45)	costilla, la	rib
(50)	costumbre, la	habit
(8)	creer	to think
(9)	cruzar	to cross
(64)	cuarto, el	room
(65)	cubierto, el	cutlery
(83)	cubrir	to cover
(65)	cucharón, el	big spoon
(45)	cuenta, la	bill
(101)	cuero, el	leather
(15)	cuerpo, el	body
(12)	cueva, la	cave
(77)	culpa, la	blame/fault
(32)	culto/a	educated
(46)	cumpleaños, el	birthday
(23)	cumplir	to keep
(8)	curiosidad, la	curiosity
(36)	cursi	pretentious
(88)	curva, la	bend
(22)	debajo	below
(7)	deber de	must
(54)	deberes, los	homework
(27)	decidir	to decide
(31)	dedicarse	to spend one's time to
(7)	dejar	to leave
(65)	delantal, el	apron
(12)	delante	in front of
(12)	delantero/a	fore/front
(12)	delgado/a	thin/slim
(32)	demasiado	too much
(97)	demonios, los	devils
(82)	denuncia, la	reporting
(15)	denunciar	to report
(32)	depender	to depend on
(7)	derecha	right
(102)	derecho, el	right
(87)	derrumbar	to be shattered
(12)	desaparecer	to disappear
(32)	desarrollar	to develop
(51)	desastre, el	disaster
(45)	descafeinado/a	decaffeinated
(97)	descalzo/a	barefoot
(16)	descansar	to rest
(92)	descargar	to unload
(41)	desconfianza, la	distrust
(51)	descubrir	to discover
(83)	desesperado/a	desperate
(77)	desgracia, la	misfortune
(41)	deshacer	to undo
(92)	desmontar	to dismantle
(97)	desnudar	to undress
(37)	desnudo/a	naked
(15)	despacho, el	office
(11)	despacio	slowly
(82)	despectivo/a	disparaging
(55)	despedida, la	farewell
(16)	despedirse	to say good-bye
(12)	despertar	to wake up
(88)	destrozar	to smash

113

(93)	detalle, el	detail
(102)	detener	to stop
(65)	determinar	to decide
(15)	detrás	behind
(71)	deuda, la	debt
(97)	diabólico/a	diabolic
(92)	dibujo, el	diagram
(37)	diente, el	tooth
(16)	dinero, el	money
(50)	director, el	manager
(7)	discreto/a	prudent
(54)	discusión, la	discussion
(77)	discutir	to discuss
(88)	disfrutar	to enjoy
(37)	disimular	to dissimulate
(40)	distancia, la	distance
(82)	distanciarse	to get ahead
(8)	distinguido/a	distinguished
(16)	distraído/a	absentminded
(50)	divertirse	to enjoy oneself
(82)	doblar	to fold
(82)	doler	to hurt
(37)	dominar	to dominate
(50)	duda, la	doubt
(50)	dudar	to doubt
(27)	dueño/a	owner
(45)	dulce	sweet
(84)	dulces, los	candy
(12)	echarse	to lie down
(45)	edad, la	age
(96)	edificio, el	building
(37)	educar	to educate
(101)	elegante	smart
(8)	elevar	to raise
(87)	eliminar	to eliminate
(88)	emborracharse	to get drunk
(22)	emocionado/a	moved
(32)	empeorar	to worsen
(92)	encantar	to delight
(49)	encargar	to have something made
(27)	encender	to light
(28)	encerrado/a	shut in
(92)	enchufe, el	plug
(16)	encontrar	to meet
(12)	enérgico/a	energetic
(8)	enfrente	opposite
(64)	enfriar	to cool
(12)	enorme	enormous
(45)	ensalada, la	salad
(37)	ensangrentado/a	boodstained
(9)	entrar	to go in
(27)	entregar	to give
(97)	entusiasmo, el	enthusiasm
(32)	envejecer	to make old
(96)	enviar	to send
(49)	envolver	to wrap
(102)	equivocado/a	wrong

(28)	error, el	mistake
(11)	escapar	to escape
(88)	escaparate, el	shop window
(72)	esconderse	to hide oneself
(16)	escultor, el	sculptor
(91)	espacio, el	space
(41)	espaldas, estar de	to have one's back turned
(32)	espejo, el	mirror
(72)	esperanza, la	hope
(17)	esperar	to wait for
(41)	espeso/a	thick
(46)	esposo/a, el/la	husband/wife
(82)	esquina, la	corner
(41)	estafar	to cheat
(88)	estanque, el	lake (artificial)
(8)	estatura, la	height
(32)	estilo, el	style
(61)	estómago, el	stomach
(60)	estrecho/a	narrow
(46)	estupendo/a	marvellous
(71)	etiqueta, la	tag
(103)	evidente	obvious
(87)	evitar	to avoid
(96)	exactamente	exactly
(45)	examinar	to examine
(22)	excitado/a	excited
(45)	exclamar	to exclaim
(40)	excursión, la	excursion
(77)	excusa, la	excuse
(82)	existir	to exist/to be
(49)	experto/a, el/la	expert
(40)	explanada, la	esplanade
(101)	expreso, el	express
(61)	extrañado/a	surprised
(55)	extrañarse	to surprise
(64)	extremo, el	end
(91)	fabricar	to make
(72)	fallar	to fail
(50)	falsificado/a	forged
(50)	falso	false
(12)	faltar	to be missing
(22)	fama, la	fame
(45)	familiar	relative
(22)	fantasía, la	imagination
(97)	fantasma, el	ghost
(84)	feliz	happy
(32)	feo/a	ugly
(36)	feroz	fierce
(41)	fiar	to guarantee
(65)	fideos, los	noodles
(11)	fiera, la	wild animal
(11)	fiero/a	fierce
(11)	fiesta, la	festivity
(32)	fijarse	to pay attention to
(93)	final	(in the) end
(50)	firma, la	signature
(64)	fondo, el	background

114

(96)	forastero/a	foreign
(50)	forma, la	manner, way
(41)	formarse	to form
(92)	fregar	to wash
(45)	frío/a	cold
(60)	fruta, la	fruit
(72)	fuego, el	fire
(45)	fuente, la	dish
(102)	fuera	outside
(37)	fuerte	strong
(22)	fuerza, la	strength
(101)	fumador/a, el/la	smoker
(27)	funcionamiento, el	working
(92)	funcionar	to operate
(12)	furgoneta, la	van
(37)	furia, la	fury
(51)	furioso/a	furious
(54)	gafas, las	glasses
(8)	gallego/a	Galician
(12)	gallina, la	hen
(88)	gamberro, el	vandal
(8)	ganar	to better
(31)	ganas, las	desire
(12)	garra, la	claw
(92)	gasolina, la	petrol
(93)	gastar	to play jokes
(16)	gasto, el	expense
(7)	gente, la	people
(45)	gesto, el	gesture
(37)	gimnasio, el	gymnasium
(11)	gitano, el	gipsy
(102)	golpe, el	tapping
(102)	golpear	to beat
(8)	gordo/a	fat
(32)	gracia, la	charm
(60)	gramo, el	gramme
(93)	grasa, la	oil
(32)	gratis	free
(12)	gritar	to shout
(36)	grupo, el	group
(44)	guante, el	glove
(31)	guapo/a	good-looking/pretty
(77)	guardar	to keep
(12)	guardia, la	guard
(77)	guía, la	guide
(16)	gustar	to like
(37)	habilidad, la	ability
(27)	habitación, la	room
(8)	halagado/a	flattery
(102)	hebilla, la	buckle
(45)	helado, el	ice cream
(91)	heredar	to inherit
(27)	hermano/a, el/la	brother/sister
(11)	hierro, el	iron
(41)	hipotecar	to mottgage
(31)	hogar, el	home
(64)	hoja, la	door-leaf

(96)	hojear	to leaf through
(44)	hombro, el	shoulder
(65)	hondo/a	deep
(17)	honrado/a	honest
(64)	horizontal	horizontal
(83)	hoyo, el	hole
(37)	humano/a	human
(50)	humilde	modest
(97)	hundirse	to sink
(11)	iglesia, la	church
(92)	igual	no difference
(12)	iluminar	to illuminate
(37)	imaginar	to imagine
(50)	imitar	to imitate
(93)	impaciente	impatient
(27)	imponente	imposing
(23)	importar	to matter
(27)	impresionado/a	impressed
(31)	inaugurar	to inaugurate
(50)	incluso	even
(103)	incómodo/a	uncomfortable
(92)	incompleto/a	incomplete
(96)	indeciso/a	undecided
(17)	indemnizar	to compensate
(21)	indicar	to indicate
(22)	índice, el	index finger
(96)	indígena	native
(71)	indiscreto/a	indiscreet
(97)	infierno, el	hell
(41)	infinidad	countless
(88)	influido/a	inspired
(55)	ingenioso/a	witty
(16)	ingresar	to be admitted
(32)	iniciativa, la	iniciative
(82)	inmigrante, el/la	immigrant
(37)	inmóvil	still
(87)	innecesario/a	unnecessary
(65)	inseguro/a	insecure
(88)	insomnio, el	sleeplessness
(22)	instante, el	instant
(12)	instrucciones, las	instructions
(77)	insuficiente	insufficient
(102)	insultar	to insult
(102)	insulto, el	insult
(32)	inteligencia, la	intelligence
(37)	intentar	to try
(55)	interesarse	to be interested
(12)	interior, el	inside
(8)	interrumpir	to interrupt
(92)	interruptor, el	switch
(71)	íntimo/a	close
(11)	intranquilo/a	anxious
(28)	introducir	to introduce
(77)	inventar	to invent
(87)	investigador/a, el/la	researcher
(8)	invitar	to invite
(76)	irónico/a	ironic

(84)	irreal	*unreal*
(50)	irritado/a	*irritated*
(72)	irse	*to leave*
(7)	izquierdo/a	*left*
(65)	jarra, la	*jug*
(11)	jaula, la	*cage*
(45)	jerez, el	*sherry*
(8)	joven, el/la	*young*
(8)	jovial	*jovial*
(101)	joya, la	*jewel*
(12)	jugar	*to play*
(21)	juntar	*to join*
(12)	junto/a	*joined*
(8)	jurar	*to swear*
(77)	justo	*reasonable*
(22)	labio, el	*lip*
(8)	lado, el	*side*
(37)	ladrido, el	*bark*
(82)	ladrón/a, el/la	*thief*
(22)	largo/a	*long*
(92)	lavadora, la	*washing machine*
(82)	lavar	*to wash*
(84)	lejano/a	*distant*
(55)	letra, la	*letter*
(12)	levantarse	*to stand up*
(37)	libre	*free*
(72)	librería, la	*bookshelf*
(16)	limpiar	*to clean*
(28)	limpieza, la	*cleaning*
(40)	limpio/a	*clean*
(12)	linterna, la	*torch*
(41)	líquido, el	*liquid*
(17)	listo/a	*cunning*
(12)	llamar	*to call*
(65)	llano/a	*plain*
(8)	llegar	*to arrive*
(7)	lleno/a	*full*
(8)	llevar	*to take*
(83)	llorar	*to cry*
(83)	lobo/a, el/la	*wolf*
(31)	loco/a	*mad*
(41)	lograr	*to obtain*
(12)	lomo, el	*back*
(54)	lotería, la	*lottery*
(97)	luchar	*to fight*
(40)	lugar, el	*place*
(50)	lupa, la	*magnifying glass*
(65)	macizo/a	*solid*
(64)	madera, la	*wood*
(44)	magnífico/a	*splendid*
(102)	maleta, la	*suitcase*
(16)	mancha, la	*stain*
(23)	manera, la	*way*
(12)	manso/a	*gentle*
(82)	manta, la	*blanket*
(8)	mantener	*to keep*
(83)	manto, el	*mantle*
(16)	mañana, la	*morning*
(55)	maravillado/a	*admirated*
(92)	marcado/a	*marked*
(28)	marcar	*to dial*
(76)	marchar	*to leave*
(31)	marido, el	*husband*
(97)	máscara, la	*mask*
(32)	matricular	*to matriculate*
(31)	matrimonio, el	*marriage*
(45)	mediana edad (de)	*middle-aged*
(8)	medida, la	*measure*
(11)	medio/a	*half*
(97)	mediodía, el	*midday*
(8)	mejillón, el	*mussel*
(32)	mejorar	*to improve*
(12)	melena, la	*long hair*
(22)	melodía, la	*melody*
(77)	mensaje, el	*message*
(22)	mentira, la	*lie*
(45)	merluza, la	*hake*
(65)	mesa camilla, la	*round table*
(46)	mesón, el	*old style tavern*
(8)	meterse	*to interfere*
(91)	microondas, el	*microwaves oven*
(12)	miedo, el	*fear*
(97)	mientras	*while*
(77)	milagro, el	*miracle*
(41)	millón, el	*one million*
(31)	mirada, la	*look*
(7)	mirar	*to look at*
(96)	misionero/a, el/la	*missionary*
(77)	mitad, la	*half*
(7)	mochila, la	*kackpack*
(27)	moderno/a	*modern*
(41)	mojar	*to wet*
(71)	molestar	*to disturb*
(32)	moneda, la	*coin*
(31)	monedero, el	*purse*
(11)	montar	*to assemble*
(12)	monte, el	*mountain*
(37)	mordisco, el	*bite*
(16)	morir	*to die*
(64)	mosca, la	*fly*
(8)	mostrar	*to show*
(11)	moverse	*to move*
(7)	muchacho/a, el/la	*boy/girl*
(8)	mucho/a	*a lot of*
(72)	muerte, la	*death*
(70)	muerto/a	*dead*
(11)	mundo (todo el)	*everybody*
(37)	músculo, el	*muscle*
(8)	nada	*nothing*
(11)	nadie	*nobody*
(41)	nariz, la	*nose*
(97)	naturalidad, la	*naturalness*
(102)	neceser, el	*case*
(71)	negocio, el	*business*

(41)	negro/a	black
(49)	nervioso/a	nervous
(83)	nevar	to snow
(92)	nevera, la	refrigerator
(37)	notar	to notice
(16)	noticia, la	news
(31)	nuevo/a	new
(28)	número, el	number
(87)	obligado/a	obligated
(102)	obligar	to oblige
(50)	obra, la	work
(8)	observar	to notice
(28)	ocurrir	to happen
(32)	ofender	to offend
(44)	ofrecer	to offer
(97)	ola, la	wave
(50)	óleo, el	oil painting
(41)	oleoducto, el	pipe line
(65)	olla, la	pot
(40)	olvidar	to forget
(97)	oración, la	prayer
(28)	orden, el	order
(64)	ordenador, el	personal computer
(12)	organizar	to organize
(97)	orgullo, el	pride
(97)	orilla, la	bank
(54)	oro, el	gold
(102)	oscuridad, la	darkness
(15)	oscuro/a	dark
(97)	pacífico/a	pacific
(31)	padres, los	parents
(17)	pagar	to pay
(16)	país, el	country
(45)	palacio, el	palace
(29)	palanca, la	handle
(72)	pálido/a	pale
(40)	palo, el	stick
(23)	panadero/a, el/la	baker
(82)	pantalla, la	screen
(37)	pantalón(es), el/los	trousers
(102)	pañuelo, el	handkerchief
(71)	paquete, el	packet
(11)	par, el	pair
(28)	paraguas, el	umbrella
(41)	parcela, la	parcel
(7)	parecer	to seem
(9)	pareja, la	couple
(91)	pariente, el	relative
(12)	pasar	to pass
(71)	pasear	to take a walk
(87)	paseo, el	walk
(64)	pasillo, el	corridor
(96)	paso, el	step
(22)	pastilla, la	tablet
(22)	pata, la	foot
(12)	pedazo, el	piece
(17)	pedir	to ask

(44)	peinado/a	combed
(87)	peligro, el	danger
(37)	peligroso/a	dangerous
(64)	pelo, el	hair
(54)	pelota, la	ball
(54)	peluquería, la	barber's shop
(55)	pena, la	pain
(12)	penetrar	to penetrate
(16)	pensar	to think
(11)	pequeño/a	little
(8)	perder	to lose
(31)	perdido/a	lost
(8)	perdonar	to forgive
(54)	perezoso/a	lazy
(51)	perfecto/a	perfect
(8)	permitir	to allow
(82)	perseguir	to persecute
(60)	pesar	to weigh
(21)	pesca, la	fishing
(8)	pescado, el	fish
(21)	pescar	to fish
(60)	peso, el	weight
(41)	picar	to prick
(41)	pico, el	pick
(83)	piedra, la	stone
(83)	piel, la	skin
(92)	pieza, la	piece
(16)	pintura, la	paint
(71)	piso, el	flat/apartment
(41)	planes, los	projects
(7)	plano, el	map
(45)	plato, el	dish
(70)	playa, la	beach
(7)	plaza, la	square
(8)	poder	to can
(28)	pomo, el	knob
(42)	porquería, la	nastiness
(41)	portada, la	cover
(22)	posterior	rear
(45)	postre, el	dessert
(77)	premio, el	prize
(60)	preocuparse	to worry
(12)	preparado/a	ready to
(102)	preparar	to prepare
(50)	prestigioso/a	famous
(60)	pretender	to want
(32)	principio, el	beginning
(77)	prisa, la	hurry
(32)	procurar	procure
(41)	profundo/a	deep
(45)	protestar	to protest
(46)	próximo/a	next
(88)	proyectar	to plan
(88)	publicidad, la	publicity
(8)	pueblo, el	village
(11)	puente, el	bridge
(28)	pulsar	to press

117

(41)	punta, la	tip
(60)	puntual	punctual
(101)	puro, el	cigar
(37)	puro/a	pure
(22)	quedar	to be
(65)	quejarse	to complain
(37)	quieto/a	still
(84)	quitarse	to take off
(36)	rabia, la	fury
(12)	rabo, el	tail
(8)	ración, la	helping
(82)	racista	racist
(28)	ranura, la	slot
(101)	rapado/a	croped
(16)	rápido/a	fast
(22)	raro/a	rare/unusual
(28)	rato, el	while
(64)	raya, la	stripe
(37)	raza, la	race
(97)	realizar	to makereality
(32)	rechazar	to refuse
(27)	recibir	to receive
(15)	recoger	to pick up
(8)	reconocer	to accept
(7)	recto/a	straight/right
(41)	refinería, la	oil refinery
(76)	refresco, el	refreshment
(22)	regalar	to give
(55)	regalo, el	present
(21)	regatear	to haggle over
(12)	registrar	to search
(22)	regresar	to return
(51)	rejilla, la	peephole
(32)	relajarse	to relax
(12)	repartir	to distribute
(27)	reservar	to reserve
(21)	resignación, la	resignation
(31)	resto, el	rest
(92)	resultar	to result
(36)	reunir	to meet
(41)	reventar	to burst
(97)	rezar	to pray
(40)	riachuelo, el	stream
(37)	ridículo/a	ridiculous
(87)	riesgo, el	risk
(88)	rincón, el	corner
(97)	rito, el	ritual
(37)	rizado/a	curly
(50)	robar	to steal
(27)	robo, el	robbery
(22)	roca, la	rock
(40)	rodeado/a	surrounded
(22)	romano/a	Roman
(37)	ronco/a	hoarse
(50)	ropa, la	clothes
(45)	rosado/a	rose
(12)	rostro, el	face

(7)	rubio/a	blond
(12)	rugido, el	roar
(12)	rugir	to roar
(7)	ruido, el	noise
(8)	sabor, el	flavour/taste
(7)	sacar	to take out
(50)	sala, la	showroom
(45)	salmón, el	salmon
(54)	salón, el	salon
(12)	saltar	to jump
(12)	saludar	to salute
(65)	salvamanteles, el	tablemat
(97)	salvar	to save
(88)	salvavidas, el	life belt
(12)	sangre, la	blood
(22)	sapo, el	toad
(8)	sastre, el	tailor
(8)	satisfecho/a	satisfied
(41)	seco/a	dry
(44)	seda, la	silk
(55)	seguridad, la	security
(8)	seguro/a	sure/certain
(96)	selva, la	forest
(60)	sensible	sensitive
(32)	sensual	sensuous
(12)	sentado/a	seated
(16)	sentarse	to sit down
(8)	sentirse	to feel
(17)	señal, la	sign
(37)	señalar	to point out
(15)	separado/a	separated
(17)	separar	to separate
(28)	serie	series
(82)	serio/a	serious
(50)	servir	to be of use
(96)	siesta, la	nap
(92)	siguiente	following
(96)	sillón, el	armchair
(83)	silueta, la	silhouette
(54)	simpático/a	nice
(72)	simular	to simulate
(50)	sistemático/a	systematic
(22)	sitio, el	place
(93)	sobrar	to have left over
(77)	sobre, el	envelope
(50)	sofisticado/a	sophisticated
(22)	soler	to usually be
(27)	sólido/a	solid
(12)	solo/a	alone
(51)	sonido, el	sound
(8)	sonreír	to smile
(28)	sonrisa, la	smile
(22)	soñar	to dream
(45)	sopa, la	soup
(65)	sorprenderse	to be surprised
(17)	sospechar	to suspect
(12)	suave	soft

118

(54)	subirse	*to climb up*	(22)	trato, el	*agreement*
(50)	sucio/a	*dirty*	(96)	tribu, la	*tribe*
(60)	sudar	*to sweat*	(55)	triste	*sad*
(40)	suegro/a, el/la	*father-in-law*	(23)	tristeza, la	*sadness*
(7)	suelo, el	*ground*	(83)	tropezar	*to trip over*
(92)	suelto/a	*odd*	(22)	trucha, la	*trout*
(87)	sueño, el	*dream*	(17)	truco, el	*trick*
(7)	suerte, la	*luck*	(102)	túnel, el	*tunnel*
(40)	sujetar	*to hold*	(54)	turno, el	*turn*
(32)	sumiso/a	*obedient*	(16)	usar	*to use*
(8)	taberna, la	*tavern*	(11)	vacío/a	*empty*
(12)	tacón, el	*heel*	(45)	vainilla, la	*vanilla*
(31)	tarea, la	*housework*	(21)	valer	*to cost*
(65)	taza, la	*cup*	(40)	valle, el	*valley*
(50)	técnica, la	*technique*	(60)	vaqueros, los	*jeans*
(97)	tempestad, la	*storm*	(71)	vaso, el	*glass*
(22)	temporada, la	*season*	(12)	vecino/a, el/la	*neighbour*
(41)	temprano/a	*early*	(31)	vender	*to sell*
(50)	terminar	*to end*	(101)	ventanilla, la	*small window*
(76)	terraza, la	*terrace*	(7)	ver	*to see*
(41)	terreno, el	*piece of land*	(76)	veraneante, el/la	*vacationist*
(41)	terrorista	*terrorist*	(8)	verdad, la	*truth*
(22)	tienda, la	*shop*	(32)	verdadero/a	*true*
(97)	tierra, la	*land*	(45)	verdura, la	*vegetables*
(11)	tigre, el	*tiger*	(60)	vestir	*to wear*
(51)	timbre, el	*bell*	(7)	vez, la	*time*
(7)	tímido/a	*shy*	(27)	viaje, el	*travel*
(102)	tirante, el	*trace*	(32)	viejo/a, el/la	*old man/lady*
(12)	tirar de	*to pull*	(97)	viento, el	*wind*
(22)	tocar	*to play*	(45)	vinagre, el	*vinegar*
(8)	tomar	*to take*	(45)	visitar	*to visit*
(21)	tono, el	*tone*	(44)	vista, la	*view*
(7)	torcer	*to turn*	(96)	vivo/a	*vivacious*
(88)	tormenta, la	*storm*	(87)	volar	*to fly*
(41)	traer	*to bring*	(8)	voluminoso/a	*bulky*
(8)	traje, el	*suit*	(31)	voluntad, la	*will*
(32)	trámite, el	*formality*	(16)	volver	*to come back*
(8)	tranquilo/a	*quiet*	(8)	voz, la	*voice*
(41)	transportar	*to carry*	(87)	vuelo, el	*flight*
(37)	trasero, el	*bottom*	(28)	vuelta, la	*turn*
(32)	tratar de	*to try to*	(12)	zapato, el	*shoe*